本书受内蒙古畜牧业经济研究基地资助

经济管理学术文库·经济类

城市化与生态环境耦合过程、格局与机理研究
——以东北地区为例

Study on Coupling Process, Pattern and Mechanism of Urbanization and Ecological Environment
—take Northeast China as case

刘贺贺　张　鹏／著

经济管理出版社
ECONOMY & MANAGEMENT PUBLISHING HOUSE

图书在版编目（CIP）数据

城市化与生态环境耦合过程、格局与机理研究——以东北地区为例/刘贺贺，张鹏著.—北京：经济管理出版社，2019.10
ISBN 978-7-5096-6885-6

Ⅰ.①城… Ⅱ.①刘… ②张… Ⅲ.①城市化—关系—生态环境—研究—东北地区 Ⅳ.①F299.273 ②X321.23

中国版本图书馆 CIP 数据核字（2019）第 192303 号

组稿编辑：杨国强
责任编辑：杨国强　张瑞军
责任印制：黄章平
责任校对：王纪慧

出版发行：经济管理出版社
　　　　（北京市海淀区北蜂窝 8 号中雅大厦 A 座 11 层　100038）
网　　址：www.E-mp.com.cn
电　　话：（010）51915602
印　　刷：北京玺诚印务有限公司
经　　销：新华书店
开　　本：720mm×1000mm/16
印　　张：11
字　　数：152 千字
版　　次：2019 年 11 月第 1 版　2019 年 11 月第 1 次印刷
书　　号：ISBN 978-7-5096-6885-6
定　　价：68.00 元

·版权所有　翻印必究·
凡购本社图书，如有印装错误，由本社读者服务部负责调换。
联系地址：北京阜外月坛北小街 2 号
电话：（010）68022974　　邮编：100836

前　言

　　人类社会从城市聚落开始产生到如今步入城市文明时代，一直处于对生态环境的不断适应、改造和再适应过程，城市化与生态环境的协调发展状态如何、怎样实现人类社会的可持续发展将会是人类社会持续关注的热点问题。在当前我国提出生态文明建设的重大发展战略背景下，对具有中国城市化发展典型特征的东北地区进行城市化与生态环境的耦合关系研究更具意义。本书通过定性与定量相结合的方式对东北地区工业化以来的城市化与生态环境耦合关系过程进行全景式特征分析，尝试判断东北地区城市化与生态环境耦合阶段历程。通过选取适当城市化发展与生态环境发展指标，引入城市新陈代谢效率、城市化与生态环境脱钩概念，并借助 DEA 模型、脱钩模型，分析诊断东北地区城市化与生态环境的耦合格局。运用最小二乘法（OLS）等统计学方法，尝试分析影响城市新陈代谢效率变化、城市脱钩状态转变的因子，在对影响因子综合梳理的基础上构建其作用机理。本书具体内容包括以下五个部分：

　　第一部分由第一章和第二章组成。首先，对研究的背景进行了论述，为研究选题提供必要的依据，并在此基础上寻找本书的价值与意义，进而确定了本书的研究框架。其次，通过对国内外相关研究的综述，明确本书中出现和涉及的相关概念内涵；在国内外最新研究进展的总结和梳理基础上，明确本书城市化与生态环境耦合关系研究的侧重点和重要内容。

　　第二部分由第三章构成。从东北地区工业化以来城市发展的萌芽状态及现状进行梳理，并对城市化发展不同时期的生态环境响应过程进行分析，尤其借助构建的城市化指数和生态环境压力指数，对1990年以来东北地区城市化与生态环境的耦合关系过程进行定量测度分析。东北地区城市化发展经历了数个类"S"形的发展周期。整体而言，呈现出一种畸形的城市化发展过程。东北地区的生态环境发展趋势整体处于环境库兹涅茨倒"U"形曲线的左侧和中间区段。城市化与生态环境耦合过程经历畸形发展、相对协调发展、不协调发展和向协调发展动态转变四个阶段。

  第三部分即第四章。从城市生命体和城市化与生态环境脱钩分析的不同视角进行研究：一方面，通过城市生命体概念的引入，对城市健康诊断的城市化与生态环境耦合关系内涵进行解读，进而借助城市新陈代谢效率进行城市健康的诊断测度，研究显示，东北地区以城市亚健康状态的"群"分布特征为主；另一方面，通过对城市化与生态环境脱钩分析，发现东北地区城市化发展逐步呈现显著"群"空间集聚特征，而当前，生态环境压力的空间分布仍以沿"T"字形交通沿线分布为主，在对城市化发展的空间响应方面滞后性明显。整体而言，近十年来东北地区城市化与生态环境向基本协调状态转变。

  第四部分为第五章。在对城市健康诊断和城市化与生态环境脱钩状态进行诊断的基础上，分析影响城市健康状态变化以及城市化与生态环境脱钩状态变迁的影响因子，综合研究梳理后发现：生态环境中的资源、能源要素对城市化发展起到诱发和支撑作用，自然生态环境对城市发展则体现限制与倒逼作用，生态环境响应与生态环境威胁的制衡作用，综合反映出生态环境系统自身对城市的作用与响应过程；人口、经济集聚的促进作用呈现"规模不经济"，对城市化的带动作用逐渐减弱，对生态环境压力的作用则增强；社会城市化对城市的转变具有一定的支撑作用，是城市发展的重要要素；宏观政策对城市化与生态环境耦合协调发展起到促进作用。以创新驱动为动力，摆脱现有的投资驱动和资源型经济发展方式是未来东北地区实现城市化与生态环境协调发展的关键。

第五部分为第六章,即结论与展望。

目　录

第一章　绪　论 ··· 001

　　一、研究背景 ··· 001
　　二、研究意义 ··· 004
　　三、研究重点 ··· 005
　　四、研究技术路线 ··· 006

第二章　国内外城市化与生态环境作用关系综述 ····················· 009

　第一节　城市化与生态环境相关基本概念 ··························· 009
　　一、城市相关概念 ··· 009
　　二、生态环境相关概念 ··· 010

　第二节　城市化与生态环境相关理论 ·································· 013
　　一、复杂系统理论 ··· 013
　　二、环境库兹涅茨曲线（EKC） ·· 014
　　三、城市生命有机体理论 ·· 016
　　四、城市新陈代谢理论 ··· 017
　　五、城市健康相关理论 ··· 018
　　六、耦合与脱钩理论 ··· 018

　第三节　城市化与生态环境相互作用研究综述 ····················· 019

一、国外研究成果综述 ………………………………………… 019
　　二、国内研究成果综述 ………………………………………… 022
　　三、国内外研究总结 …………………………………………… 025

第三章　东北地区城市化与生态环境的耦合过程分析 ………………… 027
　第一节　城市化与生态环境相互作用过程及其特征 ………………… 027
　　一、传统农业经济时期城市化与生态环境的作用特征 ………… 028
　　二、工业化初期城市化与生态环境的作用特征 ………………… 028
　　三、工业化中、后期城市化与生态环境的作用特征 …………… 029
　　四、后工业化社会城市化与生态环境的作用特征 ……………… 030
　第二节　东北地区城市化演进轨迹及其生态环境响应 ……………… 032
　　一、工业化萌芽以来城镇化发展及其生态环境响应
　　　　（1860~1948 年） ………………………………………… 032
　　二、工业化波动发展背景下城市化与生态环境响应
　　　　（1949~1989 年） ………………………………………… 044
　第三节　城市化与生态环境的耦合过程分析 ………………………… 049
　　一、研究对象、研究模型与指标体系 …………………………… 050
　　二、城市化发展特征分析 ………………………………………… 054
　　三、东北地区生态环境发展特征分析 …………………………… 066
　　四、城市化与生态环境耦合协调过程及其特征分析 …………… 076
　第四节　城市化与生态环境耦合过程特征总结 ……………………… 081
　　一、殖民背景催生的城市化与生态环境的畸形发展阶段 ……… 082
　　二、城市化与生态环境的基本协调发展阶段 …………………… 082
　　三、城市化迅速发展与生态环境作用的不协调性显现 ………… 083
　　四、城市化与生态环境经历向协调发展的动态演变 …………… 083

目 录

第四章 东北地区城市化与生态环境耦合格局分析 ……………… 087

第一节 城市化与生态环境耦合关系判别模型 ………………… 087
一、基于数据包络分析的判别模型 …………………………… 088
二、基于弹性指数的判别模型 ………………………………… 090
三、耦合关系判别指标与数据 ………………………………… 090

第二节 基于DEA模型的城市化与生态环境耦合格局实证 ……… 093
一、研究思路 …………………………………………………… 093
二、城市新陈代谢的结果与分析 ……………………………… 095
三、城市健康诊断的引入与测度 ……………………………… 100
四、城市新陈代谢及健康状态的空间格局特征 ……………… 105

第三节 基于脱钩模型的城市化与生态环境耦合格局实证 ……… 106
一、研究模型 …………………………………………………… 106
二、研究结果与分析 …………………………………………… 108
三、脱钩状态判断 ……………………………………………… 115

第四节 城市化与生态环境耦合格局特征总结 …………………… 119
一、城市化发展的高质量进阶及其显著的"群"分布特征 …… 119
二、生态环境空间格局呈现沿哈大线、滨洲—滨绥线的"T"形布局 ………………………………………………………… 120
三、城市化与生态环境呈现空间格局不匹配性 ……………… 120

第五章 东北地区城市与生态环境的耦合机理分析 ……………… 121

第一节 评价模型和检测模型 ……………………………………… 121
一、最小二乘法（OLS）基本估计与相关检验 ……………… 121
二、面板数据的估计 …………………………………………… 124

第二节 城市化与生态环境相互作用的影响因子判断 …………… 126

  一、城市健康的影响因子判断 …………………………………… 126

  二、城市脱钩状态的影响因子分析 ……………………………… 128

 第三节 城市化与生态环境相互作用的机理 ………………………… 133

  一、影响因素作用梳理 …………………………………………… 133

  二、城市化与生态环境作用机理构建 …………………………… 137

第六章 结论与展望 ……………………………………………………… 143

  一、基本结论 ……………………………………………………… 143

  二、主要创新点 …………………………………………………… 145

  三、研究不足与展望 ……………………………………………… 146

参考文献 ……………………………………………………………………… 149

第一章 绪 论

一、研究背景

(一) 国际背景：全球步入城市时代对生态文明道路的深刻讨论

1800年，全世界城市人口比重只有2.4%，1950年增长到29.2%，到1990年，全世界的城市化率达到42.6%，到2000年世界上有一半人口居住在城市里[1]。据联合国发布的《世界城市化前景》(*World Urbanization Prospects*)数据显示，2008年全球范围内的城市居民数量首次在历史上超过农村居民，标志着全球步入到城市时代，并以发展中国家高速城市化为特征，促使70%的世界人口在2050年成为城市居民[2]。人类社会经历了从原始文明、农业文明、工业文明和21世纪的信息文明的漫长历史过程，不同文明阶段下以经济建设和社会发展为目标的城市建设总会发生重大变革，生态环境也随之改变。然而，直到20世纪中期，城市化与生态环境协调发展研究才以专题形式首次出现，城市化与人类聚居环境适宜度问题一度因被列入到联合国MAB计划子项目中而得到了广泛关注。

有关城市化发展对生态环境影响的讨论更是出现不同的阵营：其一，强调城市与区域空间均通过扩大城市、城市群发展规模和增加要素投入量来实现城市的发展，对生态环境的发展带来了严重的影响。由于"二战"后百废待兴，以制造工业快速发展带动的汽车产业大繁荣和高速公路等基础设施系统的建设带动城市居民远离市中心，使居住、生活甚至工作都在郊区完成，促进以美国为首的城市郊区化、远郊化的兴盛,传统的大都市纽约和新兴城市洛杉矶、休斯敦均增加了对生态环境的影响力。其二,与之大相径庭的另一阵营,以美国著名经济学家爱德华·格莱泽(Edward Glaeser)和查尔斯·瓦尔德海姆(Charles Waldheim)主张的"新城市主义"和"景观都市主义"都在强调发展城市是保护生态环境的有效手段,是促进人类可持续发展的有效方式。爱德华·格莱泽更是发出"如果你热爱自然,就搬到城里来"的呼号[3],"景观都市主义"也强调通过景观的构造来代替建筑,减少城市塑造过程中对自然环境的威胁,即是对城市郊区化的变相认可,认为城市郊区的扩展并不会带来城市生态环境的恶化[4]。

当前以全球气候变化为特征的生态环境问题越发突出,从而引发了全球的关注,使得基于工业文明的传统城市发展模式举步维艰[5],加之以信息化为特征的第三次工业革命加速了生产要素流动,对城市发展产生了错综复杂的影响,关于城市化发展如何与生态环境协调发展成为广泛关注的议题。然而,时至今日,城市发展对生态环境的影响程度到底如何,作用机理到底如何,仍然被广泛讨论着,对于究竟何种城市化发展方式对生态环境的影响程度最低,成为未来一个不可逃避的话题,并将一直延续下去。

(二)国内背景:城市化高速发展伴生严重"城市病",生态文明建设提上国事议程

美国经济学家约瑟夫·尤金·斯蒂格利茨(Joseph Eugene Stiglitz)曾指出,美国的技术革命和中国的城市化是 21 世纪影响世界的两个重要事件。改革开放以来,我国城市化水平呈现高速发展态势并取得了重大成就,城市化率从 1978 的 17.92%提高到 2014 年的 54.77%,尤其在 2000 年以来步入城市化快速发展阶段,年均增速大于 1%。我国快速城市化过程中两种现象普遍存在:其一,很多城市不遵循市场需求和自身客观发展规律,从生态环境中掠夺资源,产生圈地投资、造城等城市化行为,造就了诸如鄂尔多斯康巴什新区这样的"鬼城",其以仅有的 46 万城镇人口,建设可以容纳 120 万人居住的房屋[6]。这种盲目的城市化发展案例不胜枚举，造成全国范围严重的产能过剩和土地资源、自然资源浪费，直接影响生态环境的可持续发展。其二，2013年以来，因波及范围之广、持续时间之长、出现频率之高而引发了社会各界的广泛关注的雾霾天气开始出现在全国各大城市。雾霾天气虽与发生日天气状况相关，但其直观地反映了我国快速城市化发展与生态环境之间不协调、不健康的关系。以上两种现象直指我国城市化与生态环境之间的矛盾关系，中国社会经济可持续发展面临着更加严峻的考验，承受着空前庞大的人口压力和前所未有的资源环境约束，面临着有史以来最严峻的生态破坏、环境污染以及资源高能耗的多重挑战。

在城市化与生态环境关系日益复杂紧密的形势下，党的十八大报告提出新型城镇化发展战略，以"健康城镇化"作为我国现代化建设的历史任务和新一轮经济增长的重要引擎，又提出"把生态文明建设放在突出地位，融入经济建设、政治建设、文化建设、社会建设各方面和全过程，努力建设美丽中国，实现中华民族永续发展"。把生态文明建设提升到总体布局的高度来论述，充分体现了实现全面协调可持续发展的科学发展观基本要求，如何实现城市与生态环境的健康发展是我国城市发展必然要面对的问题。

（三）东北地区背景：中国城市化发展模式可持续道路的探索需要

东北地区是近代以来中国城市化发展水平较高的区域，尤其新中国成立后成为重要的工业基地，其城市化发展具有鲜明的资源依赖性特征，发展起来大批的资源型城市，在经济发展和工业化进程中，导致生态环境问题亦比较突出。2003年以来国家出台了《关于全面振兴东北地区等老工业基地的若干意见》等一系列决策以刺激东北地区城市发展，但东北城市出现了经济下行的巨大压力，暴露了东北地区城市在经济社会发展中仍然存在较多问题。不仅如此，生态环境压力也日趋逼近生态环境承载力上限。东北地区一直作为我国城市化发展的缩影存在，其城市化发展与生态环境响应之间出现的问题，更是我国城镇发展与生态环境之间矛盾的反映。新型城镇化战略的提出，迫使东北地区的城市化发展面临如何实现以人为核心的城市化质量的提高，以及如何促进城市化建设中的生态文明建设，判断城市化与生态环境是否耦合发展。更重要的是，面临何种发展模式才是促使区域协调健康发展的最佳模式等多重考验。

二、研究意义

（一）理论意义

1. 扩展经典研究范式的应用领域

研究采用"过程—格局—机理"的范式对城市化与生态环境的相互作用进行全面的梳理，是对人文地理学经典研究范式"格局—过程—机理"的一种变化应用和延续。"过程—格局—机理"是强调在分析研究主体关系的历时性之后，判断其阶段性特征，进而有针对性地对不同阶段的研究对象进行空间作用分析，更为科学合理地确定不同阶段的作用机理，而城市化与生态环境耦合作用关系的积极应用尝试，有利于扩展经典研究范式的应用领域。

2. 多学科引入融合，为研究提供新的理论视角和方法尝试

研究城市化与生态环境的耦合作用，前提是全面和充分认识城市化与生态环境构成的复杂系统，要求对该复杂系统属性进行把握；在保证对复杂系统特性继承的基础上，提出不同以往传统的城市生命体研究视角和物理学中脱钩分析视角进行城市化与生态环境互动演进关系的判断。当然，创新视角的实现需借助合理的定量分析模型展开，本书通过引入和改造不同学科有关"耦合关系"的模型，尝试构建判别耦合关系的模型。除此之外，从城市生命体健康的角度探讨基于新陈代谢的城市化与生态环境作用关系来认识耦合机理，也为其机理研究提供新的理论视角与方法尝试。这样一来，既是对城市化与生态环境耦合关系理论的一定创新，也可弥补数据统计相关方法的不足。

3. 探讨耦合过程识别体系有利于建立城市化与生态环境的耦合协调谱，可为全面认识区域时空发展状态提供理论基础

借助对东北地区城市化与生态环境全景式的发展回顾，可科学地描述两者的耦合作用过程，并有效地划分出城市化与生态环境的耦合协调阶段，构成一组关于东北地区城市化与生态环境耦合作用关系的详细特征资料，为今后相关领域的研究奠定较为坚实的基础。

(二) 实践意义

（1）东北地区是我国城市化发展与生态环境矛盾表现较为突出的地区。本书通过构建客观的指标体系，以及对已有理论概念的引入，提出城市健康诊断的内涵和方法，并对东北地区城市进行实证分析，具有可行性和推广性，为今后有关城市健康的诊断提供参考。

（2）将新陈代谢理论（Metabolic Theory）和脱钩理论（Decoupling Theory）的相关测度模型引入城市化与生态环境协调性耦合问题中，DEA模型和脱钩分析模型将成为城市化与生态环境耦合关系诊断的有效模型，本书扩展了该领域的分析工具，为今后的实证研究提供了一定的方法支撑。

三、研究重点

（1）构建了城市化与生态环境耦合过程、耦合协调发展状态诊断的模型，研究东北地区城市化与生态环境的耦合过程及其耦合协调发展状态，为该区域未来持续健康发展提供理论依据。本书尝试突破城市化与生态环境研究的现有范式，从城市化质量、生态环境质量的角度出发构建指标体系来全面科学反映城市化与生态环境发展，并设计城市化发展与生态环境耦合模型和耦合协调度模型，实现城市化与生态环境耦合过程的分析、状态判断与阶段划分等。

（2）对城市化与生态环境耦合格局进行研究，并分析其耦合空间格局的特征。以地级城市为研究对象，尝试从不同的视角诊断其城市化与生态环境

的耦合关系,并进一步进行可视化表达,分析不同视角下东北地区城市化与生态环境的耦合格局特征,以期为城市化与生态环境的空间协调发展提供认知基础。

(3)从"耦合"概念的内涵出发,用系统新陈代谢的规律和脱钩状态变迁分析城市化与生态系统的耦合机理。挖掘研究城市化与生态环境耦合作用的影响因子,尝试从耦合系统作用的本质出发,研究城市化与生态环境作用关系,厘清城市化与生态环境的耦合作用机理和发展态势。

四、研究技术路线

本书技术路线如图 1-1 所示。

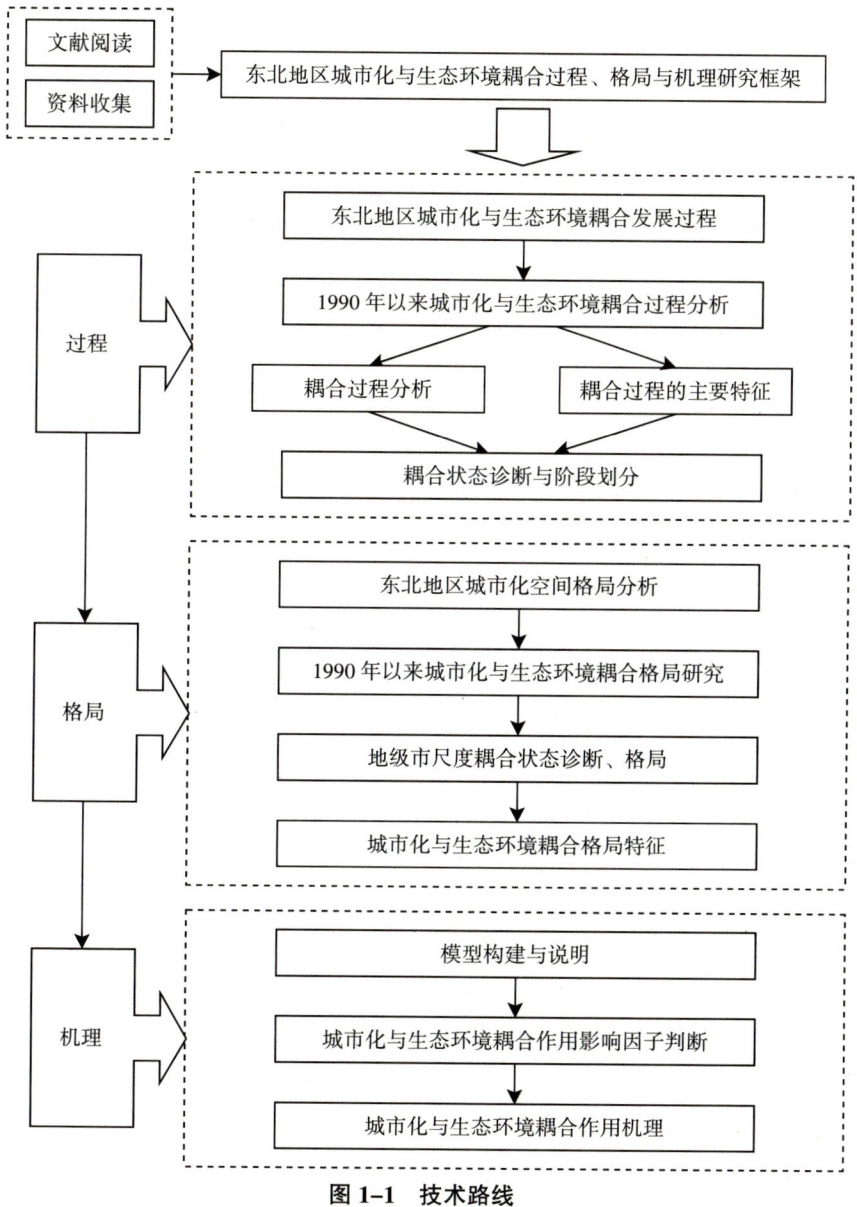

图 1-1 技术路线

第二章 国内外城市化与生态环境作用关系综述

第一节 城市化与生态环境相关基本概念

一、城市相关概念

(一) 城市化

城市化，也称城镇化（Urbanization），是当今世界上重要的社会、经济现象之一。人类学研究认为，城市以社会规范为中心，城市化意味着人类生活方式的转变过程，即由乡村生活方式转变为城市生活方式；经济学研究认为，城市是人类从事非农业生产活动的中心，城市化是指不同等级地区的经济结构转换过程，即农业活动向非农业活动的转变，特别重视生产要素流动及资金流、物流、人力流在城市化过程中的作用；地理学主要研究地域与人类活动之间的关系，非常注重经济、社会、政治和文化等人文因素在地域上的分布状况，其研究具有综合性，地理学强调城市化是一个地域空间过程及人口、经济的集中与转化过程。综合而言，城市化具有四个方面的含义：是城市对农村影响的传播过程；是全社会人口接收城市文化的过程；是人口集中的过程，包括聚落数量的增加和聚落规模的扩大；是城市人口占全社会人口比例提高的过程[7]。工业革命以来的150多年，现代意义上的城市发展给生态环境带来了阶段性恶化倾向，尤其是伴随全球人口数量激增和人类活动加剧，导致环境污染、资源浪费、能源短缺、粮食危机等问题进一步加剧，城市这一人类活动主体的发展面临严峻挑战。当前，人类社会开始越来越重视城市化的可持续性，开始用生态的思维解决出现的环境问题，城市的健康发展和评价成为日益关注的焦点[8]。

（二）城市系统

关于城市系统的理解有狭义和广义之分。狭义的城市系统概念以威尔逊[9]的论述最为经典，其源于对城市综合特性的论述，强调城市是自然、社会和人工环境综合作用的系统，其由经济、社会、生态环境等各个不同的子系统共同构成，而各子系统又包含着许多不同的子系统。因此，城市系统是一个由若干不同等级和职能的子系统交织形成的复杂巨系统，其复杂的运行机制决定了城市生长过程是各子系统相互作用的复杂性结果。广义的城市系统是强调宏观区域范围内社会、经济、交通等方面紧密联系的城市集合系统，其关注的是以单个城市为个体成员的城市集合体，甚至有研究将城市系统认为是城市体系[10]。可以发现，不论是广义的城市系统认知还是狭义的城市系统认知，其均拥有复杂的结构，拥有复杂的运行和演化机制，而本书研究中仅采取狭义概念，强调将城市以一个系统看待。

二、生态环境相关概念

（一）生态环境

有关环境的概念中，强调"环境是以人类为主体的外部世界，即人类赖以生存和发展的物质条件的整体，包括自然环境和社会环境"[11]最普遍，其关注的是客体对象。而生态的概念则在一定程度上区别于前者，强调某一生物主体或者系统主体与其他系统之间的相对关系状态，强调主客体之间的

第二章　国内外城市化与生态环境作用关系综述

关系。因此，生态环境的概念则取两者综合的概念进行研究。城市化发展过程中自然资源的支撑作用十分显著，在汤姆·蒂滕伯格的《环境与自然资源经济学》中，自然资源的范围包括化石能源、矿产资源、水、农业、森林、水产等，而环境主要包括人类的生命支持系统中除去自然资源后的所有要素，如空气、水、土地等[12]，并认为两者是并列关系。现实研究中，我们强调资源来源于生态环境系统，是生态环境的重要组成部分。

（二）环境系统

环境系统按照构成环境的基本要素如大气、水、土壤、各种生物以及人类生存所处的近地空间与人类工程建筑，分别形成了丰富多样的大气环境、水环境、土壤环境以及城市环境等要素子系统，共同构成了复杂的环境大系统。环境系统因其多元化和层次不一的系统相互作用，形成了极其复杂的结构，并依靠能源、物质和信息的不断输入、输出而维持自身稳态运动。具体地讲，某一区域环境或某一要素环境子系统的功能是指其维持自身稳态或自组织的能力及其与人类系统相互作用（提供自然资源、容纳并净化废弃物）的能力和方式。由于环境系统固有的复杂性及其与人类系统相互作用的复杂性，在研究和解决环境系统问题方面，也可从人类系统对生态环境的作用方面入手进行解决[13]。环境系统中，环境容量、环境承载力是了解环境系统特性，以及反映人类系统与环境系统作用关系的两个重要概念。环境容量是反映复杂环境系统净化能力的量。环境承载力强调某一时刻环境系统所能承受的人类经济、社会活动能力的阈值，其是环境系统功能的外在表现，是有效地抵抗人类系统干扰并能重新调整自组织形式的能力，环境承载力从人类社会经济系统与环境系统之间的作用关系角度划分为资源供给（包括水资源、土地资源、能源、矿产资源等）、社会影响（包括经济实力、污染治理投资、基础设施水平和人口密度等）和污染容纳（工业"三废"的排放、生活污染物排放、绿化水平和污染物治理水平等）等。如图2-1所示。

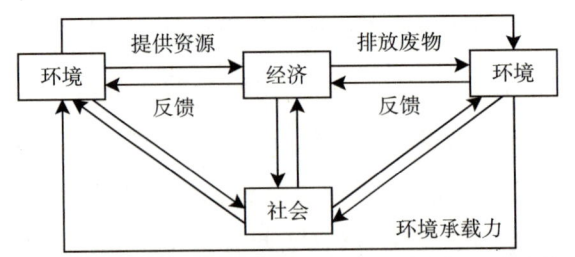

图 2-1　环境系统与人类社会、经济系统的相互作用关系

（三）城市生态及城市生态系统

城市是地球表面物质和能量高度集中及快速运转的地域，是人口、产业、基础设施等人文景观最密集的场所，是以人为主体的环境系统。城市居民与其周围环境的相互作用所形成的复杂关系，称为城市生态[14]。特定城市区域中，城市居民与城市环境的统一体以及这个统一体中进行物质、能量流动的因素，称为城市生态环境。城市生态环境是空间实体，城市中进行物质能量流动的因素有城市自然环境因素（又称生命维持系统，包括物理环境和生物环境）和城市社会经济因素（又称人类活动系统，包括城市设施、社会服务和生产对象）。所以，城市生态环境由自然环境和社会经济环境以及沟通自然、社会、经济的各种人工设施和上层建筑（合称城市人工生态环境）共同组成[15]。

综合来看，本书理解的生态环境强调以人类活动为主体特征的城市、区域系统等，实质上是一个由人类活动的社会属性以及自然过程的相互关系构成的社会—经济—自然复合生态系统，而城市生态系统是其重要的组成部分。复合生态系统以人类为主体，以城市的经济、社会健康发展为目标，以自然生态环境为基础向城市发展提供资源、能源等物质要素，并为城市发展代谢的废物提供净化条件，城市生态与自然生态之间通过相互作用、反馈机制和适当的要素赋存量保证复合生态系统的健康运行，脱离系统的运行机制或者改变赋存量超出生态环境承载力均可能导致复合生态系统的病变。

第二节 城市化与生态环境相关理论

一、复杂系统理论

复杂系统的发展得益于20世纪30年代系统论研究的兴起和随后几十年包括耗散结构论、突变论、协同论等现代系统科学理论，混沌、分形、自组织等非线性科学理论，以及计算机人工智能等理论的快速发展。除传统复杂性理论之外，20世纪90年代以来又提出了"人工生命"和复杂适应系统的理论，成为复杂系统理论的重要理论突破。人工生命研究的是具有自然生命系统行为的人造系统[16]，人工生命侧重于研究生命系统的过程特性，如自组织、自繁殖、新陈代谢、进化等[17]。以人工智能出发建立人工生命的模型——元胞自动机模型，其在城市空间结构演化[18]、城市土地利用[19]、城镇体系规划[20,21]和湿地景观的演化模拟[22]等方面得到广泛的应用。霍兰（Holland John）提出的复杂适应系统理论强调适应能力主体通过自身的"学习"动力和"成长"过程，实现其自身随着时间不断进化的目标。个体的主动性决定了整体系统的复杂性程度，而个体的"刺激—反应规则"是子系统之间及子系统与环境之间相互作用的机制[23]。

复杂系统是系统的一个特殊分类，强调系统的复杂性关系，其可能拥有数量众多的子系统和复杂的运行关系机制。1999年4月的《科学》杂志曾以《复杂系统》的专刊形式界定为"对组成部分的理解不能解释其全部性质的系统"，指出复杂系统涉及化学、生物学、神经科学、动物学、地理学、经济学、数学、工程学和物理学等众多学科领域[24]。地理学的研究对象——地理系统，是强调人类社会和地理环境共同组成的复杂巨系统，其子系统包括城市子系统、人口子系统等，其演化和发展过程均呈现自组织和复杂适应的特征。近年来，地理学围绕城市系统为研究对象的成果较多，值得注意的是，城市系统不同于一般复杂系统，其因为人类活动因素的作用而使复杂性加剧，加之人类活动的持久性致使城市的复杂性特征呈现动态性，城市的运动变化符合"刺激—反应"过程的自组织运行机理，强调城市各子系统对外部环境变化的刺激是一个非线性的多因素交织耦合过程。

二、环境库兹涅茨曲线（EKC）

20世纪90年代，美国经济学家Grossman和Krueger首次利用库兹涅茨倒"U"形曲线逻辑预言，结合实际案例，提出了"环境库兹涅茨曲线"假设，并将其与城市化发展阶段曲线相结合，推理了城市化与生态环境交互作用的曲线[25]。1996年，Panayotou利用发达国家和欠发达国家的经济发展与环境质量的大量数据，进一步证实了环境库兹涅茨曲线的存在，并列出了不同收入阶段的环境质量特征[26]。

城市化与生态环境交互作用存在着显著的阶段特征，城市化与生态环境构成的系统发展受人文社会发展和自然环境演进规律的双重制约。根据城市化发展阶段的划分，以及生态环境的演化过程，总结城市化与生态环境耦合发展的过程（见图2-2）和阶段性特征如下。

Ⅰ阶段，是城市化与生态环境耦合作用的初级阶段。该阶段，城市化发展水平较低，以农业生产为主要的经济发展方式，工业化发展和第三产业的发展比重偏低。以农业耕种为主要生产力和生产方式，决定了城市的发展规模受限，职能比较单一，因农业大规模生产方式带来的耕地、森林、草地等自然系统的退化情况开始出现，而城市化的生态环境响应处于相对低水平的协调状态。总体来看，城市发展对生态环境的作用力度不大，该阶段城市的发展完全处于生态环境容量范围内。

第二章　国内外城市化与生态环境作用关系综述

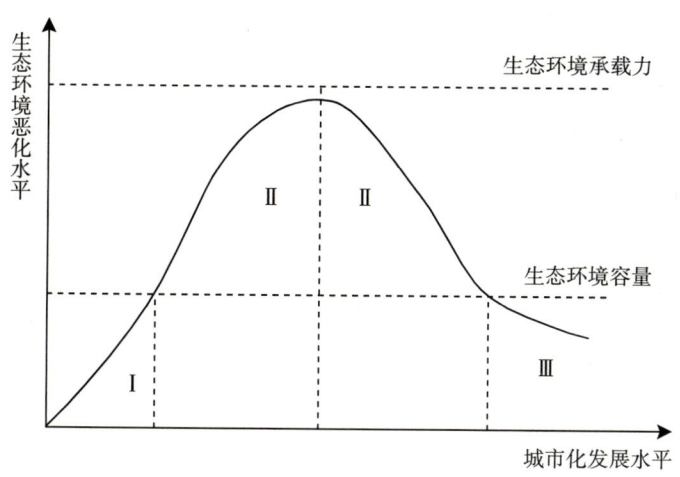

图 2-2　城市化与生态环境耦合作用的特征曲线

Ⅱ阶段，是城市化与生态环境耦合作用的中期阶段。该阶段，城市化发展以工业化发展为动力，反映出先迅速增加后稳定增长的发展过程。工业化发展初期以资源型经济的发展最为典型，其吸引大量农村剩余劳动力聚集到城市，城市各项基础服务设施和相关产业得到发展，城市居民的生活方式得到迅速的改变，与之相关的生态环境在提供资源、能源的同时，不断吸收未经处理的城市污染物，尤其是城市规模不断扩大，受城市化影响的空间范围和作用深度不断加大，生态环境破坏日益严重，甚至有逼近生态环境承载力的危险。随着城市化的发展向追求城市质量的转变，城市化发展的速度开始进入缓慢增长时期，此时对生态环境的要求也日益增强，其恶化的状况也在逐步改善，尤其是先进的科技水平发展在不断地刷新生态环境承载力阈值的界限，对生态环境的改善有着重要作用。总体来看，以工业化为主要背景的城市发展阶段，对生态环境的要求呈现出先恶化后改善的大趋势特征，且通常状况下控制在其生态环境承载力的阈值之内。

Ⅲ阶段，是城市化发展与生态环境耦合作用的后期阶段。该阶段，城市化发展进入相对缓慢增长的阶段，强调城市化进入质量发生转变和城市发展动力发生转变的重要阶段。该阶段内，城市的发展开始逐步摆脱传统工业化发展的路径，以生产性服务业和高端制造等高附加值产业发展为重点和核心，城市基础设施和社会服务设施等也更加完备、健全，城市化发展进入到高级化状态，其主要得益于生产力的不断提高。该阶段内，伴随生产力的进步，各类资源能源将被逐步替代，污染物质将得到有效控制，资源、能源的重复利用率将提高，与城市发展相应的生态环境资源、能源索取力度在不断减小，生态环境接纳的污染物质也逐渐减少，加之城市居民生态环境保护意识和可持续发展意识的普及，生态环境保护力度进一步增大，城市化发展与生态环境的耦合作用将进入高水平的协调状态。总的来看，该阶段内城市的规模得到有效的控制，生产力的发展有利于生态环境的向好转变，城市化的发展被控制在其生态环境容量范围内，处于一个健康可持续的发展状态。

三、城市生命有机体理论

最早关注到城市与生命体具有相似性的是芬兰建筑师伊利尔·沙里宁（Eliel Saarinen），在其《城市——它的成长、衰败和未来》（*The City-Its Growth, Its Decay, Its Future*）一书中借鉴对生物和人的相关认知来分析城市，认为城市由许多"细胞"组成，城市作为有机体通过不断的细胞分裂而实现规模扩大和有机体成长[27]。之后，从经典生物学的视角出发研究城市现象也成为城市认知的一个重要角度，包括研究城市内部组织运转及对外界刺激的反应等。此外，皮特·霍尔（Peter Hall）在分析城市发展阶段时，总结城市发展具有周期的特点。"人类生态学"创始人罗伯特·埃兹拉·帕克（Robert Ezra Park）认为城市是一个有机体，城市过程如同生物为生存或改变环境的生态过程。吴良镛在国内最早倡导了"有机更新"理论[28]，这与沙里宁的"有机城市生长"异曲同工地表达了城市发展的连续性和演进过程，特别是不断更新维持城市存在状态。朱勍系统地总结了城市有机体理论并提出"城市具有生命体征"和"城市生命力"，认为城市生命有机体是基于城市在系统论、复杂理论、自组织理论的研究基础上的一个视角补充，其强调城市是具有高度复杂性、自组织性和主动性的开放系统[29]。城市生命有机体具有以下两大突出特点：①城市生命过程的演进呈现周期性特征，强调城市的发展经历产生、成长、成熟至衰败的演进过程；②城市有机更新（新陈代谢）维持城市复杂系统的运转，城市新陈代谢既为城市控制生长、分化的基础，也是城市以开放系统的状态保证其与外界的交流。

四、城市新陈代谢理论

城市新陈代谢的提出是在对城市生命体理论认知基础上完成的。关于城市新陈代谢的概念最早可以追溯到1965年，Wolman在其著作中引入了城市代谢（也被称为社会代谢、物质代谢）的概念，认为城市系统的运作是一个类似于生物体的新陈代谢的过程，具体来说，城市新陈代谢是一个包括资源和能源投入、吸收、生产、转化、排出的系统过程[30]。Perte W. G. Newman认为，城市是一个生态系统，由不断供给的资源投入和废物输出来维持城市的活力，并扩展了城市新陈代谢模型在城市可持续性评估方面的应用[31]。2008年召开的以"城市新陈代谢：生态城市的测度"为主题的国际会议，推动城市新陈代谢的研究成为世界范围的热点，从而得到了世界范围内普遍认知[32]。卢伊等国内学者在关于城市健康的认知中提出，城市经济社会环境系统是个复杂的开放性耗散系统，认为城市是一个复杂的人工生态系统，呈现拟生命体特征，新陈代谢即是这个耗散系统运转的基本过程之一[33]。张妍认为，在城市复合生态系统中，城市利用自然资源、产生废物的代谢过程是城市基本生存机制[34]。宋涛等从仿生学的角度出发，对城市新陈代谢的概念、意义、测度方法及当前研究的不足[35]等内容进行了研究，此外从代谢的概念出发，将能值与DEA模型引入以测度中国城市新陈代谢效率[36]。可以说，城市代谢是全球环境变化研究的重要议题[37]，目的在于通过资源利用了解城市社会、经济和自然环境之间的相互关系。

五、城市健康相关理论

城市健康的认知是城市与生态环境发展到一定阶段的产物,是将城市认作生命体、复杂系统等多重思考的结果。国外有关城市健康的研究始于将生态系统看作有机体对待[38];Rapport 强调生态系统健康与人类医学的相似性,并提出为自然号脉等观点[39];Bormann 等认为,"生态系统健康是一种程度,是生态可能性与当代人需要之间的重叠程度"[40]。而对于城市生态系统健康的研究概念运用较多,专门系统的研究较少,仅 Tee[41] 对城市生态系统健康的研究进展及研究趋势的综述分析,Jerry 等[42] 以古巴首都哈瓦那为例对建立生态系统健康评价指标体系方法的研究。国内学者对城市生态系统健康评价方面成果较多,学者采用不同的研究方法对城市生态系统健康进行了实证研究。曾勇等从城市生态系统健康的内涵出发,采用压力、状态、响应机制构建出城市生态系统健康指标体系框架,并对上海进行实证分析[43]。苏美蓉等采用集对分析方法,将多个指标系统合成一个能从总体上衡量其优劣的相对贴近度,评价了北京、上海、大连等城市的生态系统健康状况[44]。郁亚娟等在总结国内外"城市病"现象和"病因"的基础上,提出了城市生态系统健康的承载力、支持力、吸引力、延续力和发展力五大功能,概括为 CSAED 模型,构建了"城市病"诊断和城市生态系统健康的评价体系,并以北京为案例进行了"城市病"的单因子诊断和城市生态系统健康评价[45]。陈克龙等从城市生态系统健康的内涵出发,选择系统活力、组织力、恢复力、生态服务功能和人群健康状况构建城市健康评价指标体系,并运用模糊数学评价的方法对西宁城市生态系统健康状况进行评价分析[46]。

六、耦合与脱钩理论

"耦合"(Coupling)在《辞海》中的解释是源于物理学的概念,指两个(或两个以上)体系或者两种运动形式之间通过各种相互作用而彼此影响以

第二章 国内外城市化与生态环境作用关系综述

致联合起来的现象，如通过磁场的作用使两个线圈之间的互感产生耦合。近年来，耦合一词已经被广泛引入到城市化、经济、社会、土地与生态环境发展各个领域中，或是研究任意两个以上子系统的相互作用关系现象中。目前，越来越多的学者开始关注到城市化与生态环境的耦合[47,48]，城市化子系统与环境要素的耦合关系如水资源与经济社会、土地利用与经济增长、经济增长与生态环境的耦合研究，等等。

"脱钩"（Decoupling）源于物理学领域的"解耦"，其含义与耦合（Coupling）相对应，强调两个或者多个物理量间的作用关系不再存在[49]。"脱钩理论"则源于经济合作与发展组织（Organization for Economic Co-operation and Development，OECD）描述经济增长与资源消耗或环境污染之间的联系[50]。目前，脱钩分析已被广泛用于经济增长与资源、能源消耗和资源环境压力[51-53]，经济增长与城市扩张速度、耕地占用、建设用地扩张[54-56]，工业结构演变与环境效应[57]，大多侧重资源环境要素与经济增长、城市扩张的关系研究。

第三节 城市化与生态环境相互作用研究综述

依据本书的研究主题和研究内容，对国内外城市化与生态环境协调发展关系进行综述分析。

一、国外研究成果综述

国外有关城市化与生态环境的研究始于工业革命之后。在工业革命带来了城市快速增长之后，生态环境随之出现一系列恶化，城市化与生态环境的关系逐渐进入学者的研究视野。有关城市化与生态环境相互关系的研究内容

呈现出多样化特征,具体侧重点如下:

(一) 城市经济与生态环境关系研究

在有关城市化与生态环境关系研究的庞大系统内,城市经济发展与生态环境的关系最先引起较多关注,相关学者也进行了大量的研究工作。最典型的研究成果是美国经济学家格鲁斯曼(Grossman)和克鲁格(Krueger)通过研究经济发展与生态环境的关系提出"环境库兹涅茨倒 U 形曲线 EKC (Environment Kuznets Curve)"的假设,并在不断的验证基础上得出了环境库兹涅茨曲线[58]。英国著名经济学家大卫·皮尔斯(David W. Pearce)借助城市发展不同阶段伴生的环境问题,提出了著名的城市阶段化发展下的环境对策模型[59],并总结了城市化发展与生态环境之间的阶段性特征,有针对性地提出不同阶段生态环境的控制对策[60]。除此之外,诺格德·R.(Norgaard R.)提出了协调发展理论,强调经济发展与生态环境之间存在互相适应性和反馈机制[61],在不断的作用中达到最优平衡状态。霍顿·G.(Haughton G.)则从解决环境外部性的视角出发,研究城市经济与生态环境之间的关系,并提出直接管制和经济刺激等手段对于实现外部性问题内部化具有显著意义[62]。加勒特·哈丁、莱斯特·R.布朗更加强调认识环境与城市经济的关系的重要价值,并提出了经济系统与环境系统的从属关系,认为推行生态经济是解决环境问题的第一要务[63,64]。

(二) 生态环境测度评价的相关研究

部分国外学者从生态环境问题本身进行评价和测度,在很大程度上反映出城市化的作用强度。有关生态环境的评价主要集中在以下三个方面:

第一,在生态环境影响评价方面,以约翰·克鲁蒂拉(John V. Krutilla)提出环境影响和自然资源价值评估为标志,随后梅纳德·胡弗斯密特(Maynard M. Hufschmidt)提出的生态环境评价理论与方法得到广泛推广。OECD 系统地阐述了环境评价的基本原理、意义、应用领域等。亚洲开发银行(ADB)则明确了其操作的程序,使其应用领域更加广阔。

第二章 国内外城市化与生态环境作用关系综述

第二,在可持续发展综合评价方面,国外学者从评价的顶层设计开始,马克劳伦(Maclaren)和布罗特(Broat)分别提出了评价指标选取的基本原则,以使评价达到全面、广泛、前瞻、可操作等特征[65,66]。相对来说,可持续发展评价的指标体系标准呈现多样化态势,但以联合国和世界银行的体系标准最具权威性,最能全面反映各受评单位的状态。

第三,生态足迹评价方面,以加拿大生态经济学家威廉姆(William)和麦斯·迈克尔马根(Mathis Wackermagel)提出生态足迹(Ecological Footprint)为标志,一种反映地区人类活动与生态环境承载能力关系的定量方法产生了[65],尤其在麦斯·迈克尔马根利用该方法对全球52个国家和地区的生态空间和生态占有两方面进行测算之后[66],其得到了世界范围的认可和推广。

(三) 城市化与生态环境耦合协调研究

20世纪80年代以来,有关城市化与生态环境的耦合发展研究开始被广泛关注,其中有三个方面研究成果最为突出:

第一,即将环境库兹涅茨曲线应用于城市化与生态环境的耦合关系研究中,此处不再赘述。

第二,以OECD提出的脱钩(Decoupling)理论为标志,关注经济发展与资源环境之间的关系,一定程度上反映了城市化过程与生态环境之间的耦合协调状态。关于经济发展与资源环境间的作用关系往往呈现两种状态,一种呈现正相关增长,另一种可能表现出资源环境压力随经济增长减少或者停滞不前。按照经济增长的一般规律来说,经济实现快速增长初期往往有着显著的资源依赖性,对生态环境造成巨大压力,此时经济增长与环境压力呈现正相关;当经济增长达到一定阈值后,生态环境压力也达到峰值,在不超出生态环境承载力的前提下,两者走势会逐渐呈现负相关。在一定程度上,经济增长的速率远高于环境恶化的速率,进而可以说经济增长对环境压力减少或者微乎其微,两者间关系示弱到脱钩。

第三，由大卫·J.罗伯特（David J. Rapport）和汤尼·弗雷德（Tony Fried）提出，由OECD和联合国环境规划署实践的RSP模型，从"压力—状态—响应"研究范式出发，分析人类作用主体（城市）与生态环境的关系，构建一系列相关指标体系并进行了实证分析，得到全球范围学者的广泛认可[67-77]。

（四）城市化与生态环境关系的实践研究

国外有关城市化与生态环境关系的实践案例也较多，体现在以下三个层次：

第一层次，全球宏观尺度范围的城市化与生态环境关系研究，以联合国MAB为主要发起者，在全球范围内甄别包括中国香港、法兰克福、哥特兰岛、莱城和首尔在内的150多个城市，分析城市及其周边范围城市化与生态环境之间的相互关系，以及带来的一系列城市响应策略和规划响应等内容。

第二层次，以某一主权国家的中观尺度范围的城市化与生态环境关系研究，以美国国家科学基金会（NSF）资助研究案例最为典型。美国的相关科学家和学者从将城市看作有机体的角度出发研究巴尔的摩和凤凰城，进一步总结了有机体新陈代谢、景观单元动态演变、土地利用的生态影响等理论内容与测度模型。

第三层次，从单个城市的微观尺度入手，分析城市化过程中的生态环境效应，以迪兹巴瑞格·F.（Diazbarriga F.）对墨西哥圣路易斯市的工业发展下不同尺度范围城市化地区污染程度的研究最为典型[78]。

二、国内研究成果综述

我国有关生态环境的研究可追溯到诸子百家时代，如管子等的人地关系协调发展思想。由于长时间处于农耕文明状态，真正意义上以工业化促进城市化发展的历史并不长，且主要集中在新中国成立后，有关城市化与生态环境关系的研究内容侧重于以下几个方面：

第二章 国内外城市化与生态环境作用关系综述

(一) 城市工业发展与生态环境的研究

与国外研究情况类似,都是在经济发展到一定程度以后开始关注经济发展与环境问题的关系。国内最先获得关注的是城市工业发展与生态环境之间的关系。

首先,部分学者使用定量模型对全国个别省级、地市级行政区进行实证分析,如采用典型相关分析与广义相关系数相结合来研究工业部门产值与生态环境质量关系[79,80],运用灰色关联分析法研究产业结构对生态环境的影响作用[81,82],利用生态环境压力指数法(ESI)分析产业发展对资源、能源压力及环境污染压力[83]。

其次,学者们开始对传统粗放式的工业发展模式提出质疑,在西部大开发、湖南等地的产业发展中提出生态化产业发展模式,以促进经济发展与生态环境的良性互动[84-86]。不仅如此,赵海霞等开始关注工业化发展与生态环境相互作用的机理[87],这对后续研究如何合理调整产业结构与产业空间布局以保证生态环境质量提供了重要参考。

(二) 对国外城市化与生态环境研究成果的检验与实证研究

国内学者研究城市化与生态环境作用关系时很大程度上借鉴了国外的研究成果,并对环境库兹涅茨曲线的科学性和可持续发展评价等进行了中国实证检验。

首先,学者普遍以人均 GDP 与"工业三废"排放量为指标,借助多年序列数据,分别对全国范围、省域尺度(浙江)、地级市尺度(焦作)进行了实证研究,且研究结果与环境库兹涅茨曲线相吻合[88-90],进一步验证了环境库兹涅茨曲线在中国的适应性,其规律是普遍存在的,也说明了我国大部分地区仍然处于粗放式的发展模式下,经济增长加剧了生态环境压力。

其次,学者们一方面对可持续发展理论进一步进行丰富[91-98],另一方面不断拓展可持续发展的模型评价,如应用系统动力学模型定量评价区域的可持续发展能力和模拟调控城市化与生态环境系统[99-105],如不断从多视角出发完善可持续发展的评价指标体系[106-108]，并对中国各不同尺度的行政单元进行了测度，为全国各尺度的人口、资源、环境与可持续发展的复杂关系以及可持续发展面临的形势、任务判断做出贡献。

（三）城市化与生态环境耦合关系研究

乔标、方创琳、黄金川等先后提出城市化与生态环境交互耦合机制及其规律，从理论上分析了城市化与生态环境交互耦合系统满足耦合裂变律、动态层级律、随机涨落律（耗散结构理论）、非线性协同律（耗散结构理论）、阈值律（阈值或临界点）和预警律六种基本定律，揭示了城市化过程与生态环境演变过程之间的交互胁迫、动态耦合[109-111]，通过逻辑推理、理论引入，得出城市化与生态环境之间变化规律。刘耀彬等提出了城市化与生态环境耦合模式及判别，演绎出了城市化与生态环境耦合发展的五种模式等[112]。近10年间，不同的学者借助不同方法，从产权理论、熵变视角和利益视角出发对不同尺度区域的城市化与生态环境耦合关系进行了分析研究，基本实现了从国家层面—城市群层面—地级市城市化与生态环境耦合关系的研究，实现了从西部干旱区—东南沿海地区，从生态环境较为脆弱到城市承载压力巨大区域的跳跃式研究[113-127]。

（四）城市化与生态环境发展研究的新趋势

伴随我国城市化发展进入从速度增长到质量增长的新阶段，无论国家政策层面还是学术理论层面，均对城市系统健康、持续发展提出了要求，并进行了理论研究[128,129]。其中，越来越多的学者从城市化发展出发，探讨研究城市健康的程度，并从城市土地、规模、城市化动力机制、发展模式等视角进行了研究；提出中国城市化不应过分追求速度，应向以自然环境为基础，城乡统筹，以人的发展为核心和目标的"健康城市化"转型，并提出中国城市化转型的"健康规划"理念。同时，针对快速城市化爆发的资源环境、经济基础、社会、基础设施和公共服务等承载力不足问题，提出城市化健康发展问题[130-134]。

第二章 国内外城市化与生态环境作用关系综述

部分学者从城市主体——城市居民利益的维护出发，对城市化健康发展进行了研究[135-138]。此外，张燕、邢丽霞等从国土安全及开发格局视角研究城市化与生态环境[139,140]。马海良、孙威等开始关注中国的城市能源效率、资源型城市效率的研究[141,142]。潘竟虎、郭腾云、袁晓玲等对全国及部分省市的城市效率进行了研究[143-145]。张郁、杨青山、宋涛、王俊能等开始从效率的视角出发研究城市化与生态环境关系[146-148]。邓波研究了我国的区域生态效率[149]。还有很多学者从人地关系代谢、物质代谢、物质和能量守恒的视角出发，构建了城市生态系统健康的诊断模型并予以实践[150-161]，进一步强调了城市化与生态环境发展应注重质量，丰富了城市化与生态环境关系的内涵。

三、国内外研究总结

综上所述，国内外针对城市化与生态环境关系的研究成果已经较为丰富，大多是从城市化与生态环境的协调关系和可持续发展角度认知的，构建了针对城市化与生态环境协调关系的数量模型，并进行了一定的实证分析研究。尤其针对城市化与生态环境关系的数量模型较多，引入物理学、生物学、景观生态学等多学科并进行了模拟测度，为城市化与生态环境的关系测度研究做了较为丰富的理论铺垫。值得注意的是，国内外的研究，针对城市化与生态环境耦合"格局—过程—机理"的地理学研究范式分析很少见，尤其针对耦合过程的规律特征、空间格局演化和形成机理关注更是不多。这些均为本书写作提供了可能的创新思路，成为本书选题可行性的重要参考和要解决的核心问题。

第三章 东北地区城市化与生态环境的耦合过程分析

本章以工业化以来东北地区城市化发展为开端,对东北地区城市化发展过程及其特征进行了梳理,对生态环境的发展响应过程特征进行了总结,从定性与定量相结合的角度出发,全景式地分析研究了工业化以来城市化与生态环境的耦合过程。鉴于1990年以前生态环境涉及统计的相关数据空缺性,该时期城市化与生态环境的耦合研究也以定性分析为主;1990年以后加入定量分析,考虑环境统计数据的延续性和完整性,以省级行政单元为研究对象,定量测度分析东北地区城市化与生态环境的耦合过程。

第一节 城市化与生态环境相互作用过程及其特征

城市作为人类文明的产物,自产生之初就对生态环境产生了深刻影响,是人地关系地域系统的重要组成部分和研究对象。城市的发展对生态环境存在着明显的相互作用关系,随着城市化发展的不同阶段,城市化对生态环境的作用关系也呈现出不同的发展特征。城市化与生态环境的矛盾主要表现在城市经济发展与生态环境的关系上[162],按照城市经济发展带动的不同阶段,可将城市划分为传统的农业经济时期、工业化初期、工业化中后期、信息化时期，进而探讨城市发展过程对生态环境的作用。

一、传统农业经济时期城市化与生态环境的作用特征

城市是社会生产力不断进步的产物，是人类农耕文明中基于对自然环境土地耕作和饲养家畜产生聚落后的演化产物，在此过程中伴随着劳动生产率的提高，并以第三次社会大分工为标志，以大规模的商品生产和交换为重要事件。城市产生的很长一段时间内，被赋予了"神圣地位"，是安全的栖息地及繁荣之地[163]，且因人类认知的局限性使得宗教在城市中占有重要的地位。城市还是重要的战争防御工事和经济发展最活跃的地方。可以说，这个阶段城市的职能相对单一，以行政管理、宗教和军事防御为主，而此时，农业生产和农业经济具有根深蒂固的地位，决定了城市与乡村没有太大的差别。

从城市对生态环境的作用程度上来看，一方面，作为直接劳动对象的自然环境资源，其开发的广度随着生产力水平的不断提高而不断向前扩展，但总体看仍受到技术水平的限制，开发规模、种类和数量水平都是有限的；另一方面，对自然环境的开放深度而言，以对自然资源不断加工而形成的间接劳动对象扩展得更为迅速，如土地资源、各种矿产资源、森林资源和水利资源等，相对来说，该阶段的作用深度仍然有限，受限于自然条件影响显著。可以说，这个阶段人地关系基本处于人地共生阶段，城市的产生分布具有显著的农业时代烙印，受农业生产和交通区位影响，城市空间分布以离散分布为主[164]，城市化对生态环境处于低水平的协调状态。

二、工业化初期城市化与生态环境的作用特征

自第一次工业革命以来，生产力得到快速发展，对煤、铁的广泛利用和开发促使人类改造和利用自然的能力增强，这加强和促进了城市化对生态环境的作用。产业结构的变化最为直接和显著，由传统农业社会的第一产业为

第三章 东北地区城市化与生态环境的耦合过程分析

主,向第二、第三产业比重大幅提升,推动以工业化集聚为特征的城市聚落中各类生产要素集聚,城市基础建设随之也不断加强。

此阶段,城市化对生态环境的作用范围越发广泛,体现在横向的作用范围和纵向的作用深度。①从作用范围角度看,城市化的推进,逐步扩大了城市景观的地域范围,其突出表现为:工业生产对资源、能源的要素的需求呈现大幅增加,生态环境开始遭到破坏,尤以表土植被覆盖率和土壤表土流失最为显著,自然景观被大量的城市景观所代替。②从作用深度看,伴随着生产力的进步而促使城市对生态环境的作用不断增强。以资源、能源要素作为工业化发展的基础,生产力的不断进步,促进各类要素在城市不断集聚,使得城市规模、产业集群效应得以凸显。城市化对生态环境的作用也从最初的低水平开发向深层次依赖转变,开始形成逐步"资源→城市→环境"作用的城市与生态环境复杂巨系统。尽管如此,该阶段的城市发展经验告诉我们,任何国家以资源型经济为发展的城市均是走"先污染后治理"的路径,随着城市化和工业化进入深水区,往往生态环境的破坏逐步逼近其承载力,甚至可能出现崩溃状态。这一阶段,工业化的发展导致资源禀赋优越的地区成为工业迅速发展的城市,成为地区的经济发展增长极,城市化与生态环境的矛盾突出性也越发明显。

三、工业化中、后期城市化与生态环境的作用特征

以第三次科技革命为特征的生产力进步,推动了产业结构发生迅猛变化,尤其以计算机科学、生物科学和新材料科学的发展,不仅改变了传统的需求结构,还在不断改变城市居民的生活方式。工业化中后期,产业结构出现"退二进三"的趋势,第二产业逐步淘汰传统的高耗能产业类型,发展高新技术产业;第三产业逐步从生活性服务业向生产性服务业转变,并且以金融、信息、旅游等为首的生产性服务业逐步成为城市发展的主导产业。此时的城市发展与生态环境相互作用关系也出现了较为显著的变化。

从作用广度和作用深度来分析,城市化对生态环境的发展具有一定的延续性。

(1) 从作用广度看,城市群、城市带等的出现,也是工业化发展对城市发展的延续作用,成为工业化中后期城市发展的载体,尤其到工业化后期,生产性服务业主要集聚在人才和信息较为发达的大都市,城市单体的规模出现集聚式扩展;以城市群、城市带为集聚的区域性城市景观成为当代人类的标志性特征。

(2) 从作用深度看,一方面,以完善城市职能为特征,以满足居民工作、交通、居住、游憩等基本功能为主,城市基础设施建设更加深入;以提升城市居民生活质量为目标,以居住区改造、CBD打造、城市景观打造为特征的城市更新不断深入,旨在摆脱工业化背景下的城市粗放式发展烙印。另一方面,城市生态环境水平开始被全面关注,工业化背景下产生的"城市病"、资源浪费、生态安全等问题逐步被广泛认识,城市居民不断认识到城市化发展对生态环境的破坏。加之经济发展大繁荣促进人类思维改变,开始追求城市与生态环境的协调发展,以环境治理投入不断加大为标志,城市生态环境的恶化开始被遏制,开始尊重"城市—生态环境"自身的发展规律。这个阶段,中心城市的承载能力下降,生产要素转移向中心城市,促进越来越多的城市产生,城市的扩散阶段带来更大范围的城市景观,对环境的作用更加深刻。

四、后工业化社会城市化与生态环境的作用特征

以计算机智能等技术应用为标志的科技革命将人类带入到一个全新的纪元,信息技术已经渗透到城市社会的方方面面,从城市的经济发展、社会服务、文化传播、管理运行到城市基础设施建设等各个领域都有体现。与之相关的城市发展的决定性要素也发生了重要的变化,更加关注信息生成和扩散的途径、过程以及与之相关的劳动地域分工格局[165]。此时,城市空间体系

第三章　东北地区城市化与生态环境的耦合过程分析

逐渐呈现网络化,进入相对高级的均衡发展阶段,城乡二元结构差异化逐步缩小,高端工业化、生产性服务业成为城市的主导产业,城市的职能多元化特征更为突出。

从城市化与生态环境的作用程度看:

(1)从作用广度看,信息技术对城市群发展有良好的促进作用,有效地连接了城市与乡村,扩展了城市化对生态环境的作用范围。借助良好的信息基础设施建设,原本具有高势能的城市经济、信息、技术、文化等不断向乡村扩展,逐步改变了乡村原有的生产和生活方式,甚至文化景观也随之产生颠覆性变化,城市与乡村一体化趋势不断深化。因此,以城市化为内涵特征的空间范围不断扩展。

(2)从作用深度看,信息化推动了城市化内涵发生重大改变,以产业结构升级最为显著,以城市职能转变为表征。目前,部分国家和地区已经出现后工业化状态的案例和可期待的前景,以德国推动的工业4.0最具代表性,其依托信息物理融合系统与强大的工业基础相结合,打造"智能生产+智能工厂+互联网平台+物流体系"的系列模式,实现信息化与自动化的高度集成[166]。以工业4.0为代表的信息化推动城市化模式,要求淘汰高耗能、高排放的低层次工业类型,向以高端装备制造为代表的高级化工业类型迈进,与之相关的城市必然做出改变,促使释放的工业人口向服务行业转移,推动城市经济由低级工业化向高级工业化及服务性经济转变[167]。该过程中,城市化对生态环境的索取可能减少,以多样化的资源、能源作为代替,对生态环境的释放也相应减少,得益于资源、能源利用效率和污染物的处置方式更加科学合理。可以说,以信息化为特征的创新型城市化发展,打破了原本高度依赖环境的发展禁锢,城市化对生态环境的作用具有高级的协调意义,其提高了以人为主体的价值性,更加符合生态系统的发展规律,促使城市化与生态环境高水平协调发展。

第二节　东北地区城市化演进轨迹及其生态环境响应

东北地区真正出现现代意义上的城市得益于东北地区的工业化发展。尽管在1860年以前，东北地区历经2000多年的农业社会发展，以军事防务和行政职能为主的城镇也有所发展，但其对生态环境的影响微乎其微，城镇发展反而在很大程度上受到生态环境的制约，这个时期内，城镇发展与生态环境处于一种低水平协调发展状态。因而，本书在梳理城市化发展的过程中，侧重对东北地区进入工业化之后的城市发展进行研究，分析东北地区城市化与生态环境的演变及响应轨迹。

一、工业化萌芽以来城镇化发展及其生态环境响应（1860~1948年）

（一）清末民初的城镇起步阶段与生态环境作用关系

东北地区现代意义上的城市化始于清末，是在社会经济向半封建半殖民地、殖民地转化的历史条件下开始的。从鸦片战争爆发，经历第二次鸦片战争到1931年"九一八"事件爆发的整个过程看，东北地区城市化发展开始起步，并且逐步形成了具有相互联系的城市体系。

1. 近代城市化起步阶段演化特征

从鸦片战争爆发到第二次鸦片战争后，清朝的半殖民地半封建社会属性越发明显，以英帝国要求开通营口为商埠和沙俄割走中国100多万平方千米为开端，东北地区相对封闭的政策被列强强行打开。与此同时，清朝政府面临解决边疆安全和充实国库的内部压力，先后于1860年和1897年经历东北

第三章 东北地区城市化与生态环境的耦合过程分析

地区局部开放和东北全境解禁的历史过程,开始了关内以河南、直隶、山东等省多地居民向东北地区人口大迁移——"闯关东"的著名迁移现象。根据相关资料显示,到清朝结束的 15 年间,东北地区共迁入 1140 万人,年均迁入人口达 70 多万人。这种人口迁移带动了东北地区经济社会和城镇的空前发展,其城镇化发展具有以下特征:

(1) 新兴边防城镇的异军突起。晚清时期,城镇发展开始突破之前军事、行政职能,在新开垦官地、荒地基础上发展起来的边防城镇开始兴起,诸如呼兰、拉林、延吉等地均形成于该时期。新兴城镇的崛起动力是多方面的,以清朝政府招垦戍边为引导,以国内自然灾害和镇压战乱为辅推动了人口的大规模迁移,一定程度上有效达到了我国对东北地区的实际控制,迁移人口不断渗透到较为偏远的东北东部、北部地区,以农业生产为主,手工业、商业经济氛围日趋浓厚,得到较大发展。

(2) 传统城镇的规模升级。人口的大规模迁移,使很大一部分人口滞留在传统已初具规模的城市中,如沈阳、抚顺、长春、吉林、哈尔滨等城市。根据统计材料显示[168],以城市规模增大为现代城市化起步的初级阶段,到 1907 年,仅有 2 座 10 万~20 万人口规模城市,到 1930 年,有 20 万以上人口规模城市 3 座;城市数量由 37 个增加到 75 个,增加一倍多。其中以新兴小城镇增加 29 座为最多;到 1930 年,东北地区城市人口数量增加到 303.1 万人,城市化率达到 10.2%。如表 3-1 所示。

表 3-1 1907~1930 年东北地区城市发展情况

项目		1907 年	1915 年	1925 年	1930 年
城市数量	20 万人以上	—	—	3	3
	10 万~20 万人	2	3	1	2
	5 万~10 万人	4	3	9	6
	3 万~5 万人	7	10	6	11
	1 万~3 万人	24	34	51	53
	总计	37	50	70	75

续表

项目	1907年	1915年	1925年	1930年
城市人口总数（万人）	106.2	154.4	262.9	303.1
增长指数	100	145	248	285
农村人口数（万人）	1671.7	1856.6	2387.3	2654.4
增长指数	100	111	137	159
城市化水平（%）	6.0	7.7	10.2	10.2

(3) 交通型城镇的发展壮大。1896年清朝政府与沙俄签订《中俄密约》，致使中国丧失了东北地区的铁路权，沙俄在1897~1903年修建了以哈尔滨为中心东西至满洲里和绥芬河，向南至旅顺口（今大连）的"T"形的中东铁路（也称"东清铁路"）。中东铁路的修建，大大促进了人口流动，木材、粮食、矿产等资源的运输，极大促进了铁路沿线城市哈尔滨、沈阳、大连、齐齐哈尔、长春等中心城市的发展，沿线兴起了绥芬河、满洲里、海拉尔、四平、公主岭等13个重要的交通枢纽城镇。同一时期，以半殖民化状态开发的商埠营口、大连、安东等港口城市成为重要的交通要塞，其不仅是东北腹地对外贸易的重要出口，同时成为帝国列强疯狂掠夺东北地区资源的重要出口。尽管铁路、港口的建设是殖民者剥削的工具，但其对东北地区东南沿海港口和沿铁路的城市经济迅速发展起到积极作用，产生了哈尔滨、大连、营口、安东等以榨油等轻工业和商贸业为主的城市。以中东铁路为骨架的城镇布局和沿海城镇布局构成了东北地区城镇空间布局的雏形，交通要素加速了东北地区城市发展和经济繁荣。

(4) 工矿型城镇的兴起。1905年，本溪煤矿出煤成为东北地区近代工业的开端的标志，随着铁路交通运输方式在东北的投入使用，交通运输能力日益提高促使其对动力燃料的需求加大，东北地区与关内的联系更加频繁紧密，加之大中城市工商业的发展，人口集聚改变原有的生活能源结构，成为煤炭资源加大开发的重要原动力[169]。诸如辽西大窑沟、白杨木沟、杂树

第三章 东北地区城市化与生态环境的耦合过程分析

沟、兴城尖山子等多地的煤矿先后建立,开启了绥中、新民、台安等煤炭、石矿等矿产资源城镇的兴起。已有规模的城市也因资源的开采而得到快速的发展,开始了以抚顺、阜新、鹤岗等煤铁基地和鞍山、本溪等钢铁基地为主的重工业城市的兴盛。

2. 清末民初的生态环境响应特征

(1) 森林、草地生态环境的大范围破坏加剧了水土流失和洪涝灾害。因东北地区大规模的人口迁入,修建房屋、取暖和炊饮用材对木材消耗极大,对森林造成较大的破坏。此外,为获得农垦生产土地,砍伐大面积的森林资源。以沙俄、日本等帝国主义对东北地区的森林资源疯狂掠夺,造成了大面积的森林资源丧失。沙俄利用便利的区位条件优势,对鸭绿江流域、图们江流域、中东铁路沿线地区和长白山区森林资源进行开采。到1927年,《俄领远东的森林利权》记载,其林地面积约7211万公顷,而森林面积约为6820万公顷,这些森林面积是1927年中国东北森林面积的1.9倍[170]。日本对东北地区森林资源的掠夺具有阶段性特征,在日俄战争爆发之前的很长一段时间其主要与俄国竞争鸭绿江和松花江流域的森林资源;在日俄战争后,日本获得了东北地区更大范围的森林资源。日、俄帝国主义对东北地区森林资源采取了不可持续式的攫取,对东北地区生态环境造成巨大的破坏,诱发了山洪,加剧了水土流失现象。晚清一系列的招垦戍边导致森林资源大面积减少,直接或间接导致东北西部地区草原出现沙化现象,形成了诸如科尔沁沙地、呼伦贝尔沙地等沙化景观。

(2) 城镇集聚繁荣对生态环境的影响。清末东北地区城市人口的集聚规模增长,加之来自关内人口带来较为先进的生产技术,致使东北地区城镇经济、社会发展方式和生活方式发生了根本性改变,生态环境也随之响应。从经济发展来看,商贸业、轻工业和重工业逐步新的取代较为单一的手工业,新的发展方式,诸如哈尔滨、大连、营口等城市发展了榨油、面粉等轻工产业,并通过便利的交通实现对外贸易,鞍山、抚顺等地发展钢铁、煤铁经济也初见成效,这无疑加剧了生态环境的破坏。此外,城镇人口增加要求打破原有以木材为主要能源材料的时代,煤炭开始代替木材正式走进普通城市居民的生活,城市生活能源开始进入多元化时代。从 1920 年全国煤炭消费量情况来看,沈阳、哈尔滨和大连列在前三位,上海仅排在第四位[171]。值得注意的是,作为东北地区现代意义上城镇发展的开端,由于城镇发展规模限制而对生态环境的作用强度有限,对生态环境的破坏力较低,该阶段城市化发展与生态环境的作用关系仍属于较为初级的协调状态。

(二)"伪满"时期城市化的畸形发展与生态环境作用关系

1931 年"九一八"事变至 1945 年抗日战争结束的 14 年间,日本帝国主义通过扶植伪满洲国傀儡政权对东北地区资源进行疯狂掠夺,造成城市的畸形培育以及生态环境的严重破坏。

1. 城镇化畸形演变特征

(1)殖民化城市工业经济催生的畸形城镇化。日本帝国主义控制东北地区之后,将东北地区视作其发动全面侵华战争和太平洋战争的战略物资提供腹地。日本帝国主义积极培植了诸如"满洲碳矿会社""南满铁路株式会社"等殖民企业,假借伪满洲国之手颁布了《满洲国经济建设纲要》《对一般产业的声明》《满洲产业开发五年计划》《重要产业统治法》《战时经济方策要纲》《基本国策大纲》等一系列政策措施,夺取了东北地区的路权,发展了大规模的军事工业、工矿业、钢铁业、化工业、电力业和金融业等,奠定了东北地区殖民工业的基础。《满洲产业开发五年计划》的实施,事实上是日本帝国主义殖民投资的开始,其将投资总额为 53 亿日元中 55% 的资金集中在了煤、铁、液态燃料等重要的基础工业和装备军备机械等重工业投资中,到 1941年,东北地区的重工业占比达到 78.5%[172]。工业化迅速发展带来人口大规模迁入,造成东北地区城市的人口爆炸性增长,城市人口由 1930 年的 10.2% 上升到 1941 年的 22.2%,以年均大于 1% 的速度增加,由此可见其殖民化城市工业经济导致的畸形城镇化发展。

第三章 东北地区城市化与生态环境的耦合过程分析

（2）现代城市体系的初步形成。据伪满洲国相关统计显示（见表3-2），东北地区城市规模和数量均呈现成倍增长的态势。到1941年，东北地区共有城市312个，其中10万人口以上的大城市在1941年则达15个之多，是1937年的近1倍之多。城市人口从1937年的648万增长到1941年的957万，累计增加309万，增长率为47.8%，较同期东北总人口增长率16.9%约高达3倍之多，而同期农村人口仅增长10.3%，此时东北地区人口已有渐向都市集中之趋势[173]。从城市空间布局来看，东北地区的城市分布基本沿承了其自然地理格局[174]，以中部平原地区城市密度最高，分布158座城市，占城市总数的一半以上，拥有15个10万人以上的大城市，其中沈阳的城市人口更是达到130万，哈尔滨、长春、大连城市人口也在50万以上，这4个城市人口占全部城市人口的49.9%，具有显著的首位度[175]。同时，由于城市发展历史基础良好，中南部平原城市分布更多。东部山区、北部、西部边疆地区受自然条件和经济社会发展水平限制，以小城镇分布较多。尽管"伪满"时期城市分布极不平衡，但符合工业化初期城市布局发展的规律。值得注意的是，此时东北地区的城市分布，尤其是中心城市和重要的工矿城市呈现沿黑龙江、松花江以及中东铁路分布的特征，支撑起东北地区城市分布骨架，加之围绕大城市周边的不同规模城市，逐渐形成了等级规模层次分明、城市分工明确的城市网络体系，领先于全国的城市发展水平。

（3）东北地区城市发展动力开启多元化模式。日本占领东北时期，一方面，城市发展继续承担其行政管理、商业服务等中心城市职能，在原有路径的基础上接收更多的殖民投资和迁入人口，城市规模得以迅速发展，以伪满洲国"首府"长春最为典型，其不仅接纳关内中国人，更是日本人聚集最多的城市之一，承担了日本关东军在中国的政治中心的职能；另一方面，出于军事防务等需求新建了诸如牡丹江等城市。另外，该时期是东北地区工业化快速起步的阶段，日本为发动侵略战争提供战略物资而培育了大批的工业企业，这些工业企业的布局不仅依赖城市的资源富集情况，还依赖便捷的交通

城市化与生态环境耦合过程、格局与机理研究——以东北地区为例

表 3-2 1937 年和 1941 年东北地区城市分布状况

单位：个

地区		吉林	龙江	北安	黑河	三江	东安	牡丹江	滨江	间岛	通化	安东	四平	奉天	锦州	热河	兴安西	兴安南	兴安东	兴安北	合计
城市总数	1937年	30	23	18	8	19	9	10	36	10	13	10	18	27	20	16	8	11	4	8	299
	1941年	31	23	19	8	20	11	10	37	11	15	10	18	29	20	17	8	11	5	8	312
大城市	1937年	1							1					3	1		1	1			8
	1941年	1	1			1		1	1	1		1		6	2	1	1	1			15
中等城市	1937年	7	3	5		2	1	2	6	3	3		9	9	3	3	1	1	1	1	60
	1941年	9	4	9	1	3	5	1	10	4	3	3	11	7	8	3	11	3	2	1	86
小城市	1937年	22	16	12	7	12	7	8	29	7	8	8	9	15	15	8	3	3	2	1	192
	1941年	21	15	9	1	11	6	8	26	7	12	6	7	16	9	9	3	7	2	1	172
小城镇	1937年	1	4	1	1	4	1				2				1	5	4	7	2	6	39
	1941年		3	1	6	3									1	5	4	7	3	6	39

资料来源：王士君，宋飚，姜丽丽等. 中国东北地区城市地理 [M]. 北京：科学出版社，2014[174].

第三章 东北地区城市化与生态环境的耦合过程分析

区位条件,壮大了哈尔滨、沈阳、抚顺、鞍山、本溪等城市,兴盛了鹤岗、阜新等资源型城市,构成围绕"T"形铁路和矿业资源分布的庞大工业城市集群,以工业化促进城市化发展也开始成为东北地区城市发展的主要动力之一。

2."伪满"时期的生态环境响应特征

(1)日本对东北地区资源掠夺造成的生态环境破坏。日本在东北地区的资源掠夺包括对森林、矿产以及煤炭等资源的掠夺。对森林资源的攫取更变本加厉,从1929年到1942年抗日战争接近尾声的14年之内,日本共掠夺了近600万公顷的森林,抢夺5亿立方米的林木资源,致使森林资源急剧下降,引发严重的水土流失[176]。如1930年辽西地区发生特大暴雨,造成大范围的水土流失,使得大范围的耕地肥力下降甚至无法耕种,与森林资源被毁有直接关系[177]。对矿产能源的开采采取了典型的不可持续方式,其在开发过程中没有合理进行规划,仅在资源富集区和开采难度较小的地区开采,破坏了煤田和其他矿产资源的完整性,造成严重的浪费和破坏情况。除此之外,日本通过"满蒙开拓团",将30万左右日本农民强行引入东北地区,对优质黑土地等农业资源进行肆无忌惮的抢占,并将生产的农产品供给日军,给东北的农民带来极大的伤害,也在一定程度上破坏了土壤的肥力[178]。

(2)工业化初级阶段与殖民统治共同作用下的"城市病"爆发。日伪统治时期的东北城市进入了工业化促进城市化发展的重要阶段,也正是这个时期,工业化发展引起的城市环境问题在殖民主义的笼罩下体现得淋漓尽致。以城市居住环境,尤其是穷苦的工人阶级的居住环境更为糟糕,这种肮脏的环境直接导致致命的健康问题,以霍乱、天花、麻疹等疾病的发生最为常见,城市人口死亡率明显升高。与此同时,城市给排水等基础设施建设水平有限,城市生活用水质量无法得到有效保障,加之日本帝国主义实施的殖民统治,对中国人采取了残酷的医疗卫生管控,导致大面积的"城市病"等问题爆发。这种以牺牲城市自身的生态环境健康为代价的城市经济发展是工业化初级阶段的特殊属性，也是城市化发展与生态环境不协调的一个重要表现。

（三）内战时期的城市化衰退发展与生态环境作用关系

日伪统治末期，东北地区城市发展失衡极为严重，奉行"一切服从战争需要"的政策导致城市建设和经济发展基本陷于瘫痪状态，不仅如此，在其败退之后对东北地区城市进行了严重破坏；抗日战争结束以后，东北地区被苏联控制长达1年的时间，并拆毁东北地区重要的工业、交通等设备、设施，据相关资料显示，苏联共从东北运走了东北电力设备的65%和钢铁工业的80%，本溪、抚顺、阜新、北票等地的煤矿则全部被拆毁[179]，给东北地区的城市经济恢复带来极大困难。1947年起，东北地区开始设市，10万人口以上的城市有12个（大连、哈尔滨、沈阳、营口、鞍山、锦州、安东、吉林、长春、牡丹江、佳木斯和齐齐哈尔），较之前有小幅下降；同时城市人口也出现明显的缩减，一方面由于相当规模的日本人因战败被遣返回国，另一方面则因为战乱伤亡人员较多，以及有部分城市人口前往台湾等。城市发展出现衰退的另一个重要原因是内战的爆发，从1945年8月初到1948年11月间，在东北地区先后经历了秀水河战役、四平战役、围困长春、辽沈战役等规模不一的战役，对东北地区几个重要的大城市诸如长春、四平的城市建筑物，电力、供水等基础设施造成严重的破坏，对城市及其周边生态环境破坏也十分严重。总的来看，内战时期的特殊历史背景下城市与生态环境是一个共生体，共同遭受了战争的破坏，造成了城市发展和生态环境的严重衰退。

（四）生态环境变迁的特征及因素分析

1. 城市化发展与生态环境作用关系特征

1860~1948年，东北地区城市发展可以分为三个不同的阶段：一是清末民初进入现代意义的城市化发展起步阶段；二是"伪满"时期东北地区城市化进入畸形发展阶段；三是内战爆发时期城市化进入衰退发展阶段。可以

第三章 东北地区城市化与生态环境的耦合过程分析

说,该时期内东北地区的城市化发展经历了一次相对完整的生命周期,从起步阶段的相对平缓发展到高速发展的畸形阶段,再到破坏式的衰退发展阶段,这也是一次畸形的城市生命周期。从与城市化发展对应的生态环境响应看,经历了由相对低水平的协调状态到工业化初期的生态环境开始恶化,再到战争引发的生态环境重创的一个环境变化过程(见图3-1)。总体来看,城市化与生态环境耦合作用不显著,由于城市化水平较低,对生态环境的作用有限,并未超出东北地区的生态环境的承载力阈值。

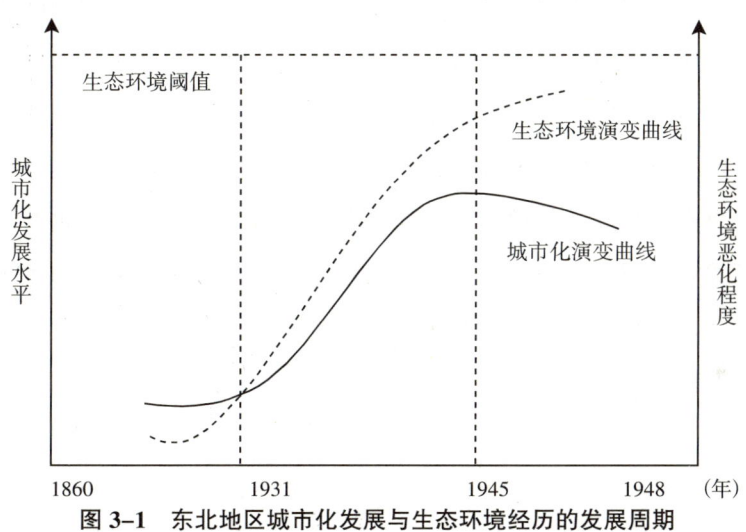

图 3-1 东北地区城市化发展与生态环境经历的发展周期

2. 生态环境变迁的影响因素分析

总结城市化发展与生态环境的作用关系,分析影响其作用关系的因素特征如下:

(1)人口迁移是城市化发展与生态环境关系不协调的原动力。近代以来,东北地区发生了两次较大规模的人口迁移。第一次为清朝晚期,东北地区从弛禁到全面解禁引发的"闯关东"人口迁移,增加了1140万人;第二次为日伪统治时期,东北地区本地人口加上日本迁入人口近500万人。这些人口一部分进入城市,从事工业、商贸、行政服务等活动,使得东北地区的城市化率从6%增加到22.2%；另一部分则分流到广大的农村地域。人口增加，不论是对城市还是对农村地域的生态环境都造成压力，尤其是近代工业化发展带来了能源结构、生活需求的巨大改变，通过对煤炭、矿产资源的开采和城市给排水等基础设施建设给生态环境带来巨大压力，成为城市化发展与生态环境不协调的原动力。

（2）殖民工业化发展促进了城镇化发展与生态环境的不协调。从晚清时期开始，东北地区开始了打破原有农业生产格局的进程，尤其以东北地区沦为半殖民地半封建社会之后的工业化发展作用最为突出。东北地区的殖民化工业发展的显著特点是追求自身利益的最大化，为此沙俄、日本等帝国主义通过不平等条约和扶持伪政权获得对东北地区的实际控制，取得矿产权、路权等关系经济、民生的重要权利，为工业发展提供了最基本的资源和交通优势。资源要素、交通条件要素加速了东北地区工业化的发展，也给其发展贴上了显著的殖民化标签。殖民工业的发展不仅在城市发展方面对生态环境有显著的压力，也给生态环境带来破坏。从城市自身发展看，工业集中分布在传统区位条件优越的城市中，也促进了新型矿业城市的兴起，工矿业的发展属于劳动密集型产业，加速了城镇人口的集聚，对城市基础设施、水资源和能源供给的要求增大，无形中给生态环境带来很大的压力。不仅如此，由于战争的特殊背景下，城市居民环境意识和技术水平有限，导致城市内部生态环境也比较恶劣。另外，在日伪控制时期，东北地区的工业产业以电力、化工、钢铁、机械、军工等多种类型为主，成为日军发动侵略战争的物资供给基地。然而，这种重工业化发展使得资源、能源大量耗损，其快速发展要求对东北地区的矿产资源、能源大量开采，而殖民者对矿产资源、能源的开采实施了残酷的蚕食开采，造成极大的浪费和对生态环境的破坏。总体来看，殖民工业的发展对东北地区城市化有显著的促进作用，也加剧了城市化发展与生态环境的不协调性。

（3）交通要素加剧城市化与生态环境不协调性的空间格局变迁。近代以

第三章 东北地区城市化与生态环境的耦合过程分析

来，以铁路、公路的建设为特征，引发了东北地区城镇空间布局发生重要的变化，与之存在响应关系的生态环境也发生了空间转移。近代城市的发展开始摆脱原有的农业社会占据平原和沿河流两岸布局的特征，以铁路和公路等交通线路周边及其重要节点集中布局为主。究其原因在于，东北地区内河航道生态环境恶化，河流内砂石堆积而无法承载大宗货物的运输，致使内河航运的没落与衰败，原本航运的节点城市吉林等开始衰落。铁路和公路的建设，带来了高效的运输方式，迎合了近代东北地区工业化对于大宗矿产品、煤炭和森林资源的运输需求，同时加速了东北地区人口的流动，壮大了传统的中心城市沈阳、哈尔滨、大连，崛起了长春、齐齐哈尔等城市，兴起了鹤岗、抚顺、鞍山、绥化、满洲里等重要的工矿型、边贸型城市。一方面，在空间范围上进一步扩大了城镇化的影响范围，另一方面，进一步加深了城市化作用程度，尤其是以中东铁路沿线哈尔滨、长春大城市的作用最为显著，打破了原来"南重北轻"的格局，城镇化的空间布局呈现相对均衡的特点。因此，随着工业化和城镇化的快速发展，城镇化发展与生态环境的发展呈现新的格局，打破了以河流沿岸城市化与生态环境不协调的空间格局，呈现以中东铁路的"T"字形空间不协调为主、以东北全境大范围生态环境不协调为辅的格局。

不仅如此，人类的战争行为、制度政策均对城市发展和生态环境的协调性影响巨大。战争不仅破坏城市的景观、摧毁城市工业和其他经济发展命脉，还毁坏城市的基础设施等，对城市化发展造成不可估量的损失，而城市的再发展过程又将引起对生态环境的索取，造成严重的资源浪费。制度政策多体现在殖民统治时期日伪、沙俄，乃至抗日战争结束后苏联对东北地区城市发展采取的行为，包括对森林资源、矿产资源的蚕食与掠夺，对城市工业设施的抢夺等，均给生态环境造成了直接或者间接的影响。

二、工业化波动发展背景下城市化与生态环境响应（1949~1989年）

从1949年新中国成立以来，东北地区开启现代城镇的发展建设阶段。这一时期东北地区经历了多次较大规模的行政区划调整，辽宁先后在1954年、1955年、1969年、1979年等年份经历了行政区划调整，直到1989年才形成如今的行政区划范围；吉林、黑龙江也分别在1954年、1969~1979年发生重大的行政区划调整。这其中最显著的行政区划调整就是在1979年，昭乌达盟（今赤峰）、哲里木盟（今通辽）、呼伦贝尔盟（今呼伦贝尔）和兴安盟等地分别由辽宁、吉林、黑龙江等地统一划入到了内蒙古，形成了东北地区现在的行政区划范围，即黑龙江、吉林和辽宁全境。在行政区划调整的过程中，原有的地区建制单元被逐步取消，尤其在20世纪80年代后期至90年代初，东北地区完成了大部分地区建制改地级市的过程（黑龙江的绥化市2000年设地级市，目前东北地区仅剩黑龙江的大兴安岭地区），形成了今天的地级行政区划单元。由于行政区划调整前城市、地区等多种行政单元的存在，造成的城市化率统计情况比较混乱，尤其还涉及较大范围行政单元划出东北地区，不利于科学地反映1990年前东北地区城市化情况和准确地进行定量分析。因此，本书将1990年作为分界点，对1990年及其之后的东北地区城市化发展与生态环境关系进行定量分析，以准确反映其耦合关系特征及其影响因子。

（一）1949~1989年城市化发展历程及其特征分析

1. 国民经济恢复背景下呈现以现代工业化为主要动力的城市发展特征

经历战火洗礼的东北地区，基于其良好的资源组合优势、交通区位条件和已有的一定工业化基础，成为国家恢复经济建设的重要基地，成为"一五""二五"时期重大项目落户的地区，东北地区形成了一批以机械、钢铁、化工和森工项目为主的大城市。工业化的发展带动了东北地区的人口大量集

第三章 东北地区城市化与生态环境的耦合过程分析

聚,带动了各项事业的发展,成为东北地区城市化发展的主要动力。该时期内以煤炭、石油、林业等资源为主的城市因其为国民经济建设提供最基础的能源、物资材料和其劳动密集型产业属性而得到急速发展,资源型城市也成为东北地区重要的城市类型之一。此外,东北地区优质的黑土资源和广阔的平原地貌为其农业生产提供了绝佳的条件,以农业生产和林业生产为主的城镇也得到发展,尤其黑龙江、吉林的农业城镇、林业城镇数量最多。东北地区以大量的资源、能源开发为工业化支撑条件带动城市发展,尤其在布局大量重工业项目的情况下,对农业生产的剥夺和资源环境的依赖成为其发展的重要路径,为东北地区的城市化发展之路奠定了基础。

2. 非经济力量干预下城市化健康失常发展

1958~1963 年,全国经济生产进入"大跃进"阶段,东北地区与全国普遍情况一致,各省、地区和县级等不同的行政单元均自成一个体系,开始搞"大而全、小而全"的发展之路,导致该时期内的城市建设均呈现向综合化发展的态势,而这种城市发展道路具有显著的不合理性,忽略了区域的劳动地域分工协作和城市自身发展的客观规律,对城市的长期健康持续发展不利。受"大跃进"的影响,东北地区的城市建设出现规模过大、占地过多等现象,在"二五"时期,城市规划又出现"高、大、宽"等与实际需求脱轨的倾向;与此同时,大范围的工业项目落实和林业资源的获取,形成了一些小城镇,使得城市化的影响范围在空间上更进一步拓展。考虑国防安全建设需求的"大、小三线"建设政策致使东北地区部分工业向西南、西北地区迁移,中心城市的发展受到限制,城市化发展开始停滞不前,1965 年的城市化率更是较 1960 年下降了 8% 之多。1966~1976 年,受到知识青年"上山下乡"政策、城市人口下放农村等政策的影响,城市人口出现急剧下降,该阶段的城市发展也基本处于极其缓慢状态,甚至出现逐年下降的态势。需要注意的是,尽管该时期大部分城市出现了衰退现象,而资源型工矿城市的发展因其承担了向全国输送资源、能源的重要职能而并未受到太大影响。综合来看，从 1958 年到 1977 年的 20 年里，城市化发展受到非经济力量的影响最大，导致城市化出现非健康发展状态。

3. 改革开放后，城市化发展的快速恢复下城市体系的完善与健全

到 1978 年，东北地区城市化率达到 31.8%（包含蒙东四盟），恰处于"纳瑟姆"曲线的第一个拐点处，意味着东北地区进入城市化快速发展阶段。改革开放以后，国家确立了以现代化建设为核心的发展路线，加速了对已有工业基地的经济建设，与之相关的工矿城市得到进一步发展，加之改革开放之后的商品经济开始繁荣，致使大量的农业人口向工矿型城市和小城镇集聚。这一时期，小城镇数量得以迅速增加。与此同时，改革开放之后知识青年返乡和劳动下放人员返城政策的落实，城镇人口户籍政策也开始松动，人口流动性增强，为城镇劳动密集型服务业、工业发展提供了可能，推动了城市人口的迅速恢复；以铁路、公路等交通基础设施为首的城市基础设施建设得到全面发展。总体而言，改革开放初期城市化进程得到迅速恢复，促进了东北地区城市体系的结构完整和职能分工的健全。

1984 年，东北地区各不同规模等级城市数量比例呈现了金字塔形（见表 3-3），中、小城市数量增加明显，表明城市化的空间影响范围也得到了相应的拓展；而特大城市达到 6 个，其中沈阳、大连、鞍山、抚顺、长春和哈尔滨等成为特大城市，大城市也有 9 个之多；[①] 特大城市、大城市集中了东北地区 64.2% 的人口，反映东北地区中心城市地位的重要性和作用力度。综合来看，改革开放初期，东北地区城市化进程得到了迅速恢复，城市化的发展深度也进一步加强。

---

① 该处指 1980 年城市划定标准，即城市划分为四个等级，城市人口（中心城区和近郊区非农业人口）100 万人以上为特大城市，50 万~100 万人为大城市，20 万~50 万人为中等城市，小于 20 万人为小城市。当前，按照国务院在 2014 年 11 月发布的《关于调整城市规模划分标准的通知》，依据城区常住人口数量将城市划分为五类七档。分别为常住人口大于 1000 万人的超大城市，500 万~1000 万人的特大城市，300 万~500 万人的 I 型大城市，100 万~300 万人的 II 型大城市，50 万~100 万人的中等城市，20 万~50 万人的 I 型小城市，20 万人以下的 II 型小城市。

第三章 东北地区城市化与生态环境的耦合过程分析

表 3-3 1984 年东北地区城市数量和规模情况

规模等级	城市数量（个）	比例（%）	人口（万人）	比例（%）
>200 万人	2	4.3	539.1	22.4
100 万~200 万人	4	8.5	492.5	20.5
50 万~100 万人	9	19.1	608.4	21.3
20 万~50 万人	15	31.9	539.3	22.4
<20 万人	17	36.2	228.7	9.5

资料来源：李晓玲，刘慈航，刘大平等. 改革开放以来东北地区城市体系等级规模结构演变特征及动力机制 [J]. 东北师范大学学报（自然科学版），2014，46（3）[180].

改革开放之后，伴随我国对外开放政策的全面实施，城市新型职能不断充实到城市类型中。从新中国成立之初以地区行政中心、工矿型城市和交通枢纽城市为主体的职能类型向以综合性城市、工矿业城市为主体，边境城市、口岸城市、旅游城市、商贸集散型城市等多样化转变，一定程度上标志着东北地区城市化发展动力开始多元化，城市职能更加健全。值得注意的是，在这一时期，东北地区的工矿业城市响应全国工业化和城市化建设的大潮，向全国提供了源源不断的能源、资源供给而得到前所未有的发展，同时也为后期资源型城市因资源枯竭等而被迫转型等问题留下了各种潜在的威胁。

（二）生态环境响应关系特征及原因分析

1. 城市化发展与生态环境响应关系特征

新中国成立以来，东北地区的城市发展先是经历大规模发展建设，以中心城市的工业化发展和资源型工矿城市发展为主体，开启了对生态环境的剥夺之路，城市化发展的空间影响范围得到不断扩张，对生态环境的影响范围不断扩大。"大跃进"时期，"以钢为纲"运动造成全国上下大炼钢铁的现象，造成大范围的资源浪费和生态破坏。"文革"期间，尽管有近十年的城市发展停滞，但工矿城市的开发程度在不断加深，农业、林业生产地区城镇得到一定发展，对生态环境的破坏也是显而易见的。不仅如此，城市的发展停滞,给农村输送了大量的人口,给东北的黑土地开垦利用带来了前所未有的压力,黑土地肥力下降,辽河平原西部、松嫩平原西部开始出现土地退化现象。改革开放初的十年,以城市工业的迅速发展为表征促进了东北地区城市建设的突飞猛进,加之人口的快速增加,环境问题日益凸显,城市化发展与生态环境的作用关系不协调性加剧。

2. 生态环境不协调发展原因

新中国成立后的城市化与生态环境不协调发展情况加剧的原因有以下三个方面:

首先,缺乏对工业企业的科学合理规划。很多企业在布局之初多考虑生产成本和便捷的交通条件,忽略对城市居民生产、生活的影响。尤其是"一五""二五"期间布局的一些工业企业最为典型,如吉林化工企业选址在松花江上游,对位于松花江下游的黑龙江省多个中心城市的生产、生活造成严重的影响,尤其哈尔滨、佳木斯的生产生活用水出现明显困难。不仅如此,工业与居民功能用地交叉现象也很突出,尤其以街道工业发展最为典型,对城市生活造成一定的污染,各大城市或多或少均有体现,这也是特定历史时期的特殊产物。

其次,缺乏基本的环境保护意识,致使多数工业企业落成之处并没有配套环境保护设备,很多工业污水、工业废气、固体废弃物等均直接排放,对大气、水体、土壤等造成严重的污染问题;加之当时的技术水平有限,固体废弃物的利用保护也多采取集中堆放、填埋等初级的处理方式处置,大量的水污染、土壤和大气事件并未得到有效的遏制。以伊通河为例,其在20世纪五六十年代开始出现河流内生物锐减到灭绝的现象,辽宁、黑龙江境内河流污染情况十分严重。此外,以煤电、煤钢等为主的抚顺、鞍山等资源型城市则出现严重的大气污染现象。

最后,我国环境保护立法严重滞后,执法力度有限,对生态环境实施保护不利。1973年8月,我国第一次召开环境保护会议,研究制定预防和解决

第三章 东北地区城市化与生态环境的耦合过程分析

环境污染的具体防治政策和规划；研究防治主要水系、港口城市污染的管理办法和措施；制定解决污染物质的科学研究规划、排放标准和检测管理办法等。1976年5月，国务院批准的《关于加强环境保护工作的报告》首次系统分析了我国环境保护工作开展存在的问题，明确了环境保护的主要任务。1977年4月，颁布了《关于治理工业"三废"开展综合利用的几项规定》，提出搞好"三废"治理工作，新建、改建、扩建项目必须严格执行"三同时"①规定。1978年3月，中国第一次将环境保护列入《宪法》，规定："国家保护环境和自然资源，防止污染和其他公害。"1979年9月，颁布了《中华人民共和国环境保护法（试行）》[181]。据20世纪70年代的监测资料显示，伊通河流域的化学需氧量年平均值为183.21毫克/升，高出地面水三级标准29.5倍；长春大气降尘年平均值为54.64吨/平方千米·月，超出国家标准5.8倍，燃煤油区更是达到136.4吨/平方千米·月，超出国家标准16倍。可见此时东北地区城市生态环境的污染破坏情况已经十分严重。

1980年，中国建立起了环境保护统计制度；1986年首次公布了《1985年环境统计公报》；1990年12月公布了《中国环境年鉴》第一卷，开启了生态环境保护的数量统计时代，为定量研究城市化与生态环境的耦合关系过程及其复杂性提供了可能（详见第三节）。

第三节 城市化与生态环境的耦合过程分析

改革开放10多年间，东北地区城市化和经济得到了迅速的发展，1990年，东北地区的城市化率达到47.34%，高出全国城市化率的26.41%近1.8

---

① 根据《环境保护法》第二十六条规定："三同时"是指建设项目中防治污染的措施，必须与主体工程同时设计、同时施工、同时投产使用。

倍，是我国城市化、工业化发展的典型区域。然而，20世纪90年代起，以1990年东北地区工业总产值同比增长仅0.6%，工业增长远低于7%的全国平均水平为标志，东北老工业基地工业出现严重衰退，同时。长期的工业化发展导致严重的城市基础设施落后、基础产业发展滞后等历史欠账，经济效益、社会效益和生态环境效益均呈现下降态势特征[182]的"东北现象"开始成为影响东北地区发展的重要桎梏。因此，本书选择从已经经历了10多年以牺牲生态环境为代价，且已初具城市化规模的1990年为起始年，定量测度东北地区城市化与生态环境耦合关系过程，尝试分析和研究东北地区城市化与生态环境的协调发展程度。

一、研究对象、研究模型与指标体系

（一）研究对象和数据来源

东北地区城市化与生态环境耦合过程的分析，强调东北地区城市化发展与生态环境的相互关系整体性特征。为达到研究的科学性和严谨性要求，研究选取时间为1990~2012年，时长23年。值得注意的是，资料获取中《中国环境统计年鉴》的统计数据是以省级行政单元和全国主要城市单元为统计对象的，没有覆盖到全国所有地级市，因此考虑生态环境指标的可获得性和研究范围的完整性，本书研究中的"东北地区"选取辽宁、吉林和黑龙江三省，以定量研究东北地区城市化发展与生态环境的耦合过程。数据来源于《中国环境统计年鉴》(1991~2013)、《中国城市统计年鉴》(1991~2013)、《辽宁统计年鉴》(1991~2013)、《吉林统计年鉴》(1991~2013)和《黑龙江统计年鉴》(1991~2013)，并对相关缺失数据进行调查补充和计算填平。

（二）研究测度模型

1. 城市化指数

基于前文对城市化内涵的综合理解，城市化过程强调非农人口、产业向城市的集聚，强调城市景观的规模化扩散，以及各项社会服务的普遍推广和

第三章 东北地区城市化与生态环境的耦合过程分析

接受情况等。故可将城市化过程归纳为人口、空间、经济和社会城市化4个层面,构建城市化指数 (Urbanization Index),其值越高表明城市的城市化发展水平、质量越高,反之,则表明城市化水平、质量越低。本书认为,各项目对城市化的作用价值是相同的,且为便于计算,将上述指标分别按照均等权重处理[183]。具体计算公式如下:

$$UI = \frac{1}{4}(UPI + USSI + UEI + USI) \tag{3-1}$$

$$UPI = \frac{1}{n}(\sum_{j=1}^{n} UPI_{ij}'); \quad USSI = \frac{1}{n}(\sum_{j=1}^{n} USSI_{ij}');$$

$$UEI = \frac{1}{n}(\sum_{j=1}^{n} UEI_{ij}'); \quad USI = \frac{1}{n}(\sum_{j=1}^{n} USI_{ij}') \tag{3-2}$$

式中,UPI、USSI、UEI、USI 分别表示人口城市化、空间城市化、经济城市化和社会城市化;UPI_{ij}'、$USSI_{ij}'$、UEI_{ij}'、USI_{ij}'分别表示人口城市化、空间城市化、经济城市化和社会城市化的标准化值,n 为指标个数。

2. 生态环境压力指数

依据前文中环境系统对人类社会、经济提供的相互关系引申发现,环境系统为城市的发展、运转提供基本的资源、能源物资,以及城市居民赖以生存的生态环境本底,接纳城市运转产生的废物。基于此构建生态环境压力指数 (Eco-environmental Pressure Index) 反映城市发展过程中区域资源环境的支撑状态及其对环境的压力状态,其值越高表明城市化发展对生态环境的压力越大,反之亦成立。生态环境压力指数包含资源支撑指数 (Resources Supporting Index)、生态保障指数 (Ecological Security Index)、环境压力指数 (Environment Pressure Index) 和环境响应指数 (Environment Responses Index) 4个分指数。其中,资源支撑指数主要考虑各类资源、能源供给条件;生态保障指数强调生态本底对城市化的支撑状况;环境压力指数表征工业废水排放、工业废气排放和工业固体废物排放的综合状况；环境响应指数则表示经过人类社会（城市）处理之后符合环境系统接纳条件的物质排放情况。本书认为所有指标对生态环境的作用力是一致的，故所有指标均按等权重处理，具体计算公式如下：

$$EEPI = \frac{1}{4}(RSI + ESI + EPI + ERI) \tag{3-3}$$

$$RSI = \frac{1}{n}(\sum_{j=1}^{n} RSI_{ij}'); \quad ESI = \frac{1}{n}(\sum_{j=1}^{n} ESI_{ij}');$$

$$EPI = \frac{1}{n}(\sum_{j=1}^{n} EPI_{ij}'); \quad ERI = \frac{1}{n}(\sum_{j=1}^{n} ERI_{ij}')$$

$$(i = 1, 2, 3, \cdots, m; j = 1, 2, 3, \cdots, n) \tag{3-4}$$

式中，EEPI 为生态环境压力指数；RSI 为资源支撑指数；ESI 为生态保障指数；EPI 为环境压力指数；ERI 为环境响应指数；RSI_{ij}'、ESI_{ij}'、EPI_{ij}'和ERI_{ij}'分别表示第 i 个城市第 j 类资源支撑、生态保障、环境压力和环境响应评价数据经标准化处理以后的值。

3. 耦合协调度模型

根据物理学关于"耦合"概念及容量系数模型，本书将城市化与生态环境两个系统通过各自的耦合元素产生相互作用彼此影响的现象，定义为城市化—生态环境的耦合。经过修改与分析，将城市化与生态环境的耦合度函数表示为：

$$C = \left\{\frac{f(x)g(y)}{[(f(x)+g(y))/2]^2}\right\}^{\frac{1}{k}}; \quad T = \alpha f(x) + \beta g(y); \quad D = \sqrt{C \times T} \tag{3-5}$$

式中，C 表示耦合度值；f(x) 为城市化指数；g(y) 为生态环境压力指数，k 为调节系数，考虑本书度量城市化与生态环境两个子系统构成的耦合度模型，故取 k 值为 2。耦合度 C∈[0，1]，C 值越大，表明城市化与生态环境之间耦合程度越高，系统越协调，反之则反。T 表示协调指数，考虑城

第三章 东北地区城市化与生态环境的耦合过程分析

市化系统与生态环境系统的互动性特征，将 α、β 均赋值 0.5。D 表示城市化与生态环境的耦合协调度，其根据不同的值划分为不同的耦合协调程度。

（三）研究指标体系

城市化发展过程既要求生态环境提供必要的能源、资源支撑，又向生态环境释放废物。为准确评价城市化水平及生态环境压力，参照已有的研究成果[183,184]，并考虑指标数据的可获得性，构建东北地区城市化与生态环境评价综合指标体系，如表 3-4 所示。

表 3-4　城市化与生态环境评价综合指标体系

系统	一级指标	二级指标
城市化综合系统指标	人口城市化	非农业人口占比（%）
		第二、第三产业就业人员比重（%）
		人口密度（人/平方千米）
	空间城市化	每万人拥有建成区面积（平方千米/万人）
		人均城市道路面积（平方米/人）
	经济城市化	人均 GDP（元/人）
		第二、第三产业增加值占 GDP 比重（%）
	社会城市化	人均社会消费品零售总额（元/人）
		人均固定资产投资（元/人）
		万人拥有医生数（人）
生态环境综合系统指标	资源支撑要素	人均全年供水总量*（吨/人）
		人均全年用电总量*（千瓦时/人）
		人均液化石油气供气总量*（吨/万人）
	生态保障要素	建成区绿化覆盖率（%）
		人均拥有绿地面积（公顷/万人）
	环境压力要素	人均工业废水排放量*（吨/人）
		人均工业废气产生量*（万标准立方米/人）
		人均工业固体废物产生量*（吨/人）

续表

系统	一级指标	二级指标
生态环境综合系统指标	生态响应要素	人均工业废水排放达标量（吨/人）
		人均工业固体废物综合利用量（吨/人）

注：其中带 * 号的为负向（成本）指标，其余的为正向（效益）指标。

为避免指标体系量纲的差异，使用极差法对数据进行标准化处理，其中，针对指标体系中的正向、负向指标采用不同的处理方式，正向指标 $X'_{ij} = (X_{ij} - X_{jmin})/(X_{jmax} - X_{jmin})$；负向指标：$X'_{ij} = (X_{jmax} - X_{ij})/(X_{jmax} - X_{jmin})$，以保证经处理后的数据均处于 [0，1] 范围内，便于进一步计算分析。

二、城市化发展特征分析

（一）城市化指数演变过程分析

由表 3-4 确认的城市化与生态环境评价指标，收集 1990~2012 年城市化的相关数据，利用式（3-1）、式（3-2）计算东北地区、辽宁、吉林和黑龙江的人口城市化、空间城市化、经济城市化、社会城市化等分指数和城市化指数。

通过计算得出东北地区及辽宁、吉林和黑龙江三省的城市化指数（见表 3-5），绘制东北地区及东北三省的城市化指数演变情况（见图 3-2）。结合图表分析发现：东北地区城市化指数 1990 年以来出现小幅下降，并在 1990~1996 年呈现小幅波动状态，1993 年出现城市化指数的谷值；1997 年东北地区城市化发展呈现突破式发展，自 1997 年开始，东北地区城市化发展开始呈现递进式增长趋势，以年均 4.2% 的增长率增长，到 2012 年城市化指数达 0.986，是 1990 年的 7 倍之多；值得注意的是，2003 年后，东北地区城市化指数出现较大幅度的增长，城市化增长率均值达 6% 左右。表明 1990~2012 年的 20 多年间，东北地区城市化发展经历了由停滞不前向高质量发展转变的过程。

第三章 东北地区城市化与生态环境的耦合过程分析

表 3-5　1990~2012 年东北地区及各省份城市化指数（UI）统计

年份	东北地区	辽宁	吉林	黑龙江
1990	0.140	0.057	0.011	0.197
1991	0.073	0.083	0.110	0.159
1992	0.069	0.111	0.079	0.134
1993	0.040	0.099	0.073	0.057
1994	0.065	0.108	0.116	0.063
1995	0.072	0.096	0.130	0.083
1996	0.067	0.101	0.152	0.026
1997	0.351	0.338	0.354	0.351
1998	0.388	0.339	0.396	0.394
1999	0.422	0.381	0.424	0.419
2000	0.424	0.447	0.422	0.421
2001	0.443	0.451	0.466	0.420
2002	0.454	0.470	0.469	0.416
2003	0.512	0.500	0.549	0.438
2004	0.549	0.540	0.569	0.449
2005	0.589	0.587	0.601	0.462
2006	0.626	0.636	0.646	0.479
2007	0.667	0.691	0.662	0.518
2008	0.733	0.762	0.742	0.544
2009	0.788	0.814	0.760	0.621
2010	0.856	0.890	0.825	0.672
2011	0.942	0.939	0.927	0.797
2012	0.986	1.000	0.938	0.833

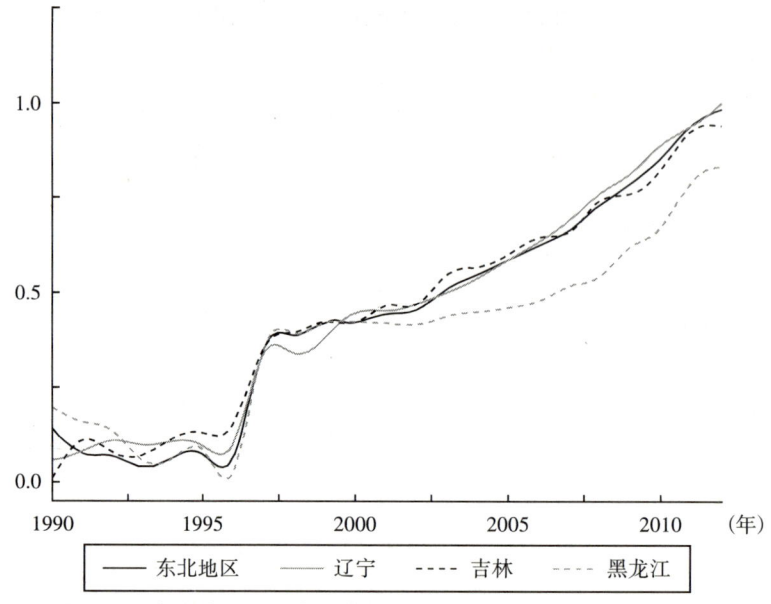

图 3-2　东北地区及辽宁、吉林、黑龙江的城市化指数演变情况

从辽宁、吉林和黑龙江三省的城市化指数演变情况来看：1997年和2003年是东北三省城市化指数出现变化的重要节点年份，因此，可将东北三省城市化指数的情况就此划分成不同的阶段。辽宁的城市化指数在1990~1996年呈现相对平稳的态势，且城市化指数相对较低；1997年城市化指数出现大幅增长，随后一直呈现稳定的增长态势，2003年后增长速度明显加快，2012年城市化指数达到1，属于东北地区城市化发展最优地区，表明辽宁城市化发展呈现由相对稳定向高质量不断提升的发展过程。吉林1990~1996年城市化指数呈现波动性增加，1997年起城市化指数迅速提升，但在2003年前增长仍有停滞，2003年后城市化指数开始出现较大幅度的增长，2012年城市化指数达到0.938，表明吉林城市化发展经历了小幅波动增加向高质量提升的过程。黑龙江的城市化指数在1990~1996年呈现波动式下降，与东北地区的变化趋势相似，1997年有较大改善之后，经历了较长时间的缓慢增长，直到2008年才开始有较快速的提升，2012年其城市化指数才达到

第三章 东北地区城市化与生态环境的耦合过程分析

0.833，远低于辽宁和吉林的城市化发展水平。总的来看，辽宁和吉林的城市化指数演变过程与东北地区城市化指数演变过程相似，是东北地区城市化发展的缩影，黑龙江的城市化发展有其自身的特殊性。

（二）城市化分指数演变过程分析

根据式（3-2）计算统计东北地区及东北三省城市化各分指数（见表3-6），并绘制东北地区及东北三省各城市化分项指标演变过程（见图3-3）。结合图表分析结果显示：

1. 人口城市化指数演变过程及其特征分析

从人口城市化指数（UPI）的变化情况看：东北地区以及东北三省的人口城市化波动表现最明显。辽宁人口城市化指数经历了先波动式下降，后快速上升，再缓慢增加的发展过程。吉林人口城市化指数演变过程大致可分为两个阶段，即1990~1997年的波动式增加过程和1998~2012年的扁平式倒"U"形过程，人口城市化峰值出现在2004年。黑龙江人口城市化指数波动最显著，由1990年的0.563呈现大幅下降，1991~1996年呈现波动不前的状态，1997年后出现快速提升，1999年达到人口城市化的峰值，之后呈现相对稳定状态，2008年开始出现下降。东北地区人口城市化指数呈现先下降后增加的发展态势，在1990~1997年与黑龙江的发展轨迹类似，1998~2012年与吉林和辽宁的发展轨迹相似。从城市化率（非农人口占总人口比重，下同）的分析来看：1990年，辽宁的城市化率达到42.98%，2008年达到49.92%（2009年后关于非农人口的统计被取消），城市化率涨幅不显著，增速仅达到0.39%。1990年，吉林的城市化率为38.61%，处于诺瑟姆"S"形曲线的快速增加阶段，其快速增长符合城市化发展的一般规律，2004年出现最高值为43.46%，年均增速仅为0.32%，且值得注意的是，在2004年后，城市化率开始小幅下降，与其城镇人口流失有直接关系。黑龙江同样存在人口城市化增长缓慢的问题，很重要的原因在于黑龙江人口城市化的内生动力不足，国有林场、农场分布广泛而聚集了大量的人口，加之农民本身拥有人

表 3-6 1990~2012 年东北地区及各省份城市化分项指数统计

年份	东北地区				辽宁				吉林				黑龙江			
	UPI	USSI	UEI	USI	UPI	USSI	UEI	USI	UPI	USSI	UEI	USI	UPI	USSI	UEI	USI
1990	0.546	0.014	0.000	0.000	0.200	0.027	0.000	0.000	0.029	0.016	0.000	0.000	0.563	0.076	0.150	0.000
1991	0.056	0.120	0.114	0.004	0.090	0.039	0.199	0.002	0.232	0.131	0.073	0.005	0.102	0.297	0.231	0.005
1992	0.053	0.080	0.127	0.014	0.086	0.090	0.255	0.012	0.152	0.048	0.101	0.014	0.100	0.228	0.190	0.016
1993	0.014	0.002	0.130	0.012	0.088	0.002	0.294	0.010	0.138	0.015	0.124	0.014	0.014	0.059	0.143	0.012
1994	0.145	0.004	0.090	0.022	0.174	0.003	0.230	0.024	0.330	0.014	0.102	0.019	0.059	0.065	0.105	0.023
1995	0.185	0.023	0.049	0.032	0.163	0.002	0.184	0.035	0.379	0.053	0.061	0.027	0.087	0.128	0.084	0.033
1996	0.174	0.014	0.039	0.040	0.185	0.024	0.152	0.042	0.418	0.067	0.089	0.034	0.020	0.000	0.042	0.042
1997	0.529	0.328	0.456	0.090	0.510	0.288	0.467	0.088	0.584	0.279	0.468	0.087	0.386	0.457	0.467	0.094
1998	0.718	0.251	0.483	0.101	0.582	0.187	0.491	0.096	0.784	0.208	0.493	0.099	0.591	0.379	0.497	0.108
1999	0.735	0.326	0.517	0.109	0.583	0.328	0.506	0.105	0.797	0.273	0.516	0.109	0.594	0.419	0.551	0.111
2000	0.672	0.321	0.533	0.168	0.708	0.326	0.516	0.238	0.824	0.275	0.522	0.066	0.490	0.411	0.591	0.194
2001	0.705	0.384	0.546	0.138	0.728	0.401	0.536	0.139	0.850	0.337	0.541	0.137	0.504	0.453	0.592	0.133
2002	0.760	0.397	0.530	0.131	0.769	0.419	0.533	0.160	0.922	0.355	0.524	0.076	0.513	0.442	0.561	0.149
2003	0.813	0.460	0.588	0.185	0.804	0.452	0.565	0.181	0.982	0.424	0.606	0.183	0.484	0.499	0.602	0.167
2004	0.890	0.482	0.605	0.221	0.849	0.474	0.603	0.233	0.999	0.441	0.629	0.205	0.511	0.516	0.587	0.182
2005	0.942	0.552	0.595	0.267	0.885	0.568	0.614	0.281	0.990	0.530	0.637	0.247	0.535	0.556	0.537	0.218
2006	0.937	0.586	0.659	0.322	0.910	0.612	0.680	0.341	0.971	0.643	0.659	0.312	0.536	0.499	0.630	0.252

第三章　东北地区城市化与生态环境的耦合过程分析

续表

年份	东北地区				辽宁				吉林				黑龙江			
	UPI	USSI	UEI	USI	UPI	USSI	UEI	USI	UPI	USSI	UEI	USI	UPI	USSI	UEI	USI
2007	0.942	0.638	0.715	0.374	0.925	0.675	0.749	0.417	0.966	0.673	0.704	0.303	0.524	0.554	0.682	0.312
2008	0.985	0.707	0.761	0.478	0.994	0.718	0.804	0.532	0.961	0.841	0.771	0.396	0.527	0.557	0.699	0.391
2009	0.975	0.766	0.803	0.606	0.989	0.807	0.820	0.639	0.964	0.689	0.811	0.575	0.454	0.775	0.771	0.484
2010	0.976	0.839	0.884	0.726	0.986	0.920	0.896	0.757	0.963	0.806	0.868	0.663	0.457	0.734	0.880	0.619
2011	0.970	0.907	0.960	0.932	0.991	0.959	0.956	0.851	0.964	0.873	0.948	0.924	0.444	0.832	0.975	0.935
2012	0.973	1.000	0.993	0.978	1.000	1.000	0.998	1.000	0.964	0.935	1.000	0.853	0.446	0.993	0.982	0.911

城市化与生态环境耦合过程、格局与机理研究——以东北地区为例

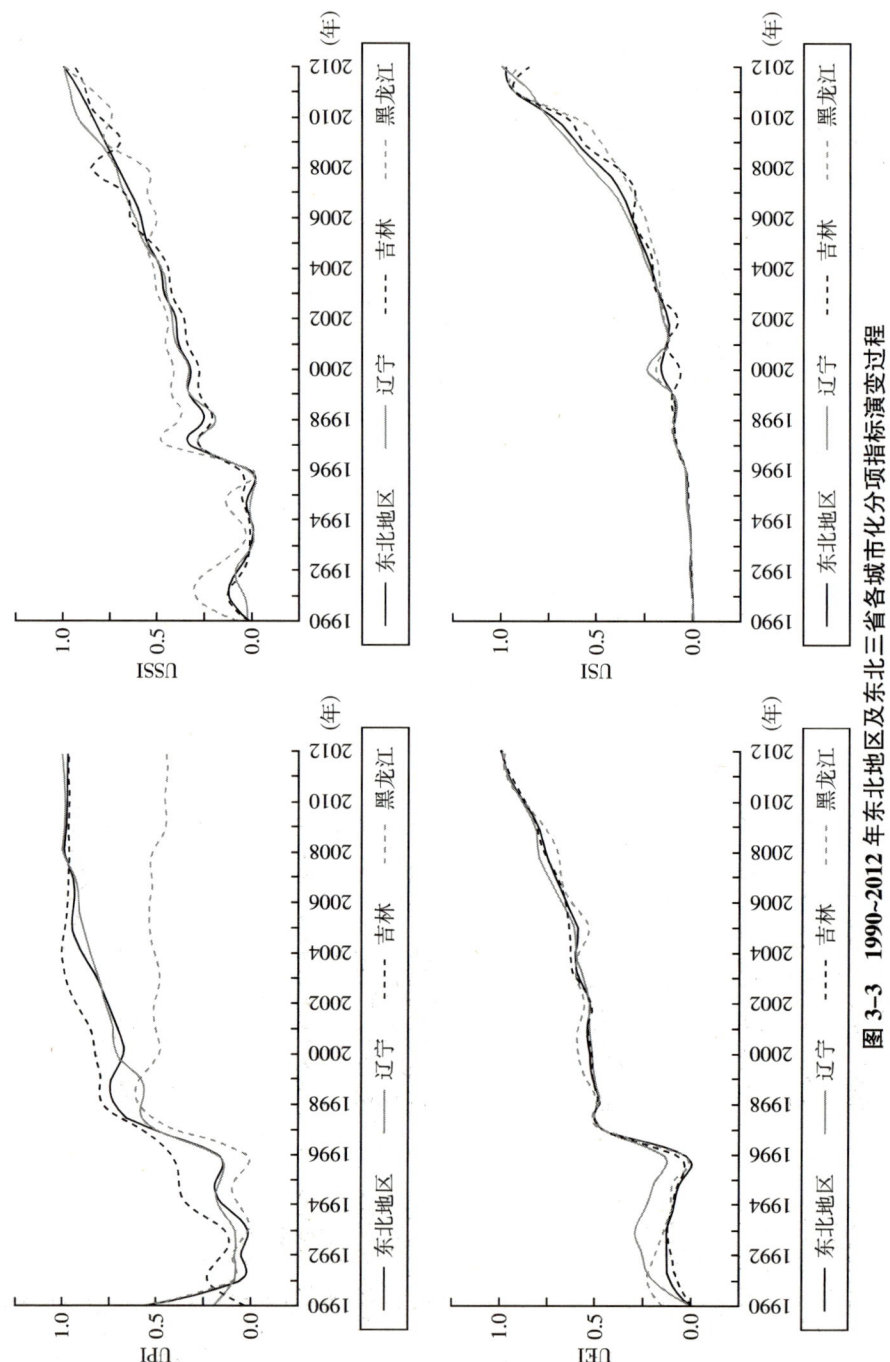

图 3-3 1990~2012 年东北地区及东北三省各省城市化分项指标演变过程

第三章 东北地区城市化与生态环境的耦合过程分析

均耕地面积数量很高,其经济收入较高,成为人口向城市流动的重要制约条件。然而,值得注意的是,1997年东北三省市辖区城市化率就分别达到了80%、75.30%、81.13%。总体来看,东北地区呈现人口城市化率虚高的特点,远高出全国的平均水平,而后在2000年前后又出现增速乏力的特点。究其原因,在于东北地区城市化水平滞后于工业化发展,尤其在"东北现象"出现以来,工业化发展动力不足,工业化与城市化发展的相互促进和带动作用不明显,人口城市化出现波动和停滞,表明东北地区以人口集聚为特征的传统城市化发展方式的终结。与此同时,1997年以来,东北地区第二、第三产业从业人员比重呈现逐年增加的态势,劳动力更加频繁流向非农产业领域,东北地区城市发展开始逐步摆脱原有户籍统计带来的城市人口虚高问题,尤其在2003年东北开始实施振兴政策以来,东北地区工业化发展又迎来重要的发展机遇,致使更多的劳动力向第三产业集中,进一步缩小了工业化过程中产业结构与就业结构的偏差,这也成为导致人口城市化指数缓慢增加的重要原因。

总体来看,随着"东北现象"出现的工业化动力不足导致了东北地区以人口为集聚表征的城市化发展基本停滞,在东北振兴政策实施以来,第二、第三产业就业人口比重增加,标志着东北地区开始逐步向城镇人口与经济、产业相匹配的内涵式阶段发展。值得注意的是,从2010年开始,东北地区开始出现人口减少的问题,这无疑将影响东北地区的经济、社会发展,应进行有效的刺激和控制。

2. 经济城市化指数演变过程及其特征分析

从经济城市化指数(UEI)的演变情况看:东北地区及东北三省的经济发展情况走势大致一致,按照发生变化的节点年份可将经济城市化指数变化情况划分为两个阶段,即1990~1996年各地区有较大出入,1997~2002年基本保持一致的倒"U"形发展,2003~2012年相对高速的发展态势。1990~1996年,辽宁和黑龙江经济城市化指数均出现了大幅波动下降,吉林和东北地区整体保持相对低水平的波动。1990年以来，东北现象开始弥漫在整个东北地区境内，其最明显的表现是国有大型工业企业发展受到直接冲击，由于历史选择的结果导致以国有企业"立市"发展的东北地区城市经济发展受到重创；与此同时，新中国成立以来形成的资源型城市经过长期的经济建设，开始出现资源枯竭等问题，尤其以煤炭资源的枯竭最为显著。这样一来，东北地区以国有大型企业和资源型城市分布较多的辽宁和黑龙江经济发展表现疲软最为突出。

尽管如此，辽宁的经济城市化指数高于吉林和黑龙江，其经济发展水平一定程度上优于其他省份。1997~2002年，东北地区全境经济城市化指数出现大幅波动，经济发展状态开始回升。1997年以来，国家开始出台政策干预经济发展，开始强调国有企业改革，为东北地区经济发展带来机遇，也使得经济发展有了较大改善。《关于实施东北地区等老工业基地振兴战略的若干意见》标志着东北振兴的开始，从2003~2012年的10年间，经济城市化指数以年均4.05%的速度增长，到2012年达到0.993，远高于之前的经济发展态势。1997年之后，东北地区及东北三省的第二、第三产业占比便达到90%以上，之后非农产业的比重越来越大；东北三省中，辽宁第三产业比重逐渐增大，吉林和黑龙江则仍以第二产业比重偏大。总体来看，东北地区的经济发展虽然经历了重要的变革和转型发展，但工业化发展仍然为主要动力和全社会的重要经济支撑。

3. 空间城市化指数演变过程及其特征分析

从空间城市化指数（USSI）变化过程看：东北地区与东北三省的空间城市化指数变化趋势在保持增长的基本走向基础上出现小幅波动，尤其以黑龙江和吉林比较显著。黑龙江整体表现为波动性下降、急速上升和波动性上升三个阶段，是东北三省中波动最为明显的；相对而言，吉林、辽宁波动不大，且与东北地区保持基本一致的发展态势，仅吉林在2007年以后出现波动，2008年一度成为其空间城市化发展的关键一年；辽宁则一致处于相对稳

第三章 东北地区城市化与生态环境的耦合过程分析

定的发展水平。总的来看，2000年以后，东北地区空间城市化指数从0.321到1，年均增速为5.6%，各省的空间城市化发展也有显著的提速，从城市基础设施建设程度和城市建成区范围等方面反映了城市发展空间广度和深度。2003年以来，伴随东北振兴政策的实施，政府推动下的城市开发表现强势，其显著表征是开发区、新城和城市新区的设置，造成城市空间范围得以快速扩张；而城市建设用地增加，带动了与之相关的房地产业等土地经济大行其道，城市道路等基础设施也得以建设和完善[185]，城市空间作用深度得到进一步强化。一定程度上，东北地区空间城市化指数的演变过程与社会城市化呈相关性，均是东北地区城市发展过程中政府主导的自上而下的发展模式的反映。

4. 社会城市化指数演变过程及其特征分析

从社会城市化指数（USI）变化过程看：东北地区及各省份的变化趋势基本呈现一致的演变特征。2000年以前，东北地区社会城市化指数维持在一个低水平区间；2000年社会城市化指数出现分异，辽宁、黑龙江和东北地区社会城市化指数出现波动的峰值，2003年后开始出现大幅增长；吉林在2000年以来表现为波动式增长的趋势，尤其在2003年之后增长速度显著提升；东北地区社会城市化指数从2003年的0.185上升到2012年的0.978，年均增速7.93%，辽宁、吉林、黑龙江的平均增速分别为8.19%、8.23%和7.44%。具体来看，东北振兴政策实施以来，东北地区城市化发展动力发生重要变化，以固定资产投资和社会消费为动力的城市化成为主流，尤其是表现在房地产投资方面最为显著，房地产经纪至今仍然是东北地区重要的经济发展方向之一。由此表明以人均社会消费品零售总额、人均固定资产投资和每万人拥有医生数量为代表的社会城市化指数反映出了东北地区城市化发展的新动力、新特征，也契合了东北振兴战略的实施。值得注意的是，除辽宁之外，吉林、黑龙江和东北地区社会城市化指数均在2011年开始出现下降趋势，这也与2011年以来东北地区乃至我国出现产能过剩的现实情况相一

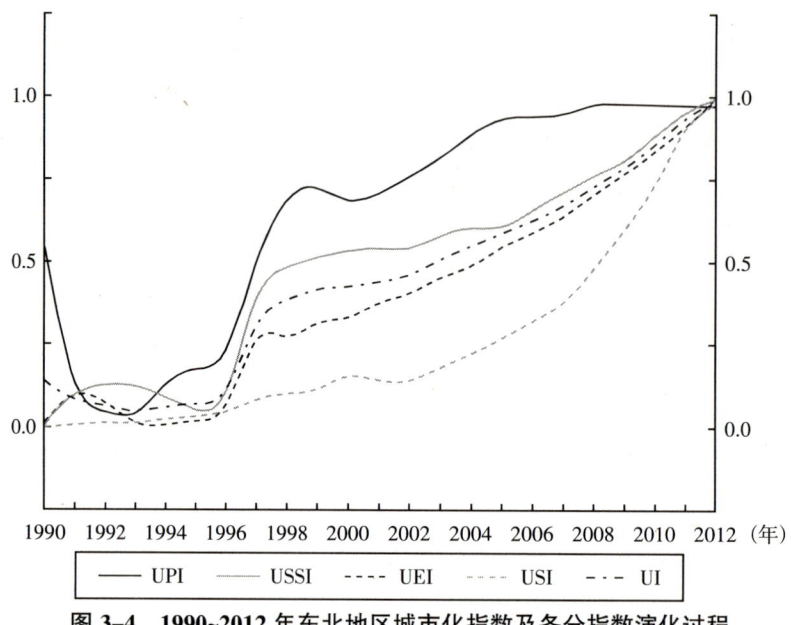

图 3-4　1990~2012 年东北地区城市化指数及各分指数演化过程

致，以投资拉动为主要的城市化动力作用开始下降。

(三) 东北地区城市化发展特征总结

1. 东北地区城市化发展逐步向高质量化进阶，并以人口城市化、经济城市化势弱，空间城市化、社会城市化势强为表征

通过对东北地区及东北三省城市化指数的演变过程分析发现，其演化过程大致保持了一致的发展走向，对城市化分指标演化过程和对东北地区城市化指数的拟合方程综合分析发现，23 年间人口城市化、经济城市化、社会城市化和空间城市化对城市化的平均作用基本保持一致，但不同分指标呈现出不同的特征，其中以"人口城市化、经济城市化发展势弱，空间城市化、社会城市化势强"为特征成为东北地区城市化发展逐步向高质量化进阶的重要表征。城镇人口聚集水平高一直以来是东北地区城市化发展的一个显著特征，1990 年以来"东北现象"的出现却反映出东北地区存在城市人口虚高的问题，加之东北地区国有经济发展出现问题导致工业化发展遇到障碍，很大

第三章　东北地区城市化与生态环境的耦合过程分析

程度上都反映出东北地区以人口集聚和工业化发展为特征的城市化特征开始势弱。尤其近些年，东北地区城镇人口不仅出现增长乏力现象，甚至有流失的现象，对东北地区城市化的发展带动作用越发减弱。2003年东北振兴政策实施以来，东北地区开始了以固定资产投资促进城市空间和社会的发展，以工业园区、城市新区设置和房地产大面积开发为特征的土地经济全面兴起，与之相关的基础设施得以配套发展，成为促进东北地区城市化发展的重要途径，也反映了东北地区城市化发展动力的多元化趋势。总体来看，在东北地区城镇人口集聚速度放缓的背景下，经济结构在逐步调整，原本的人口虚高问题在被逐步消化，加之相关城市基础设施等不断的完善，东北地区城市化向高质量化进阶明显。

2. 政府主导下的自上而下的城市化动力机制仍大行其道

新中国成立以来，东北地区就成为国家城市化发展的示范性区域，以国有大中型企业广布促进了城市的各方面发展，尤其在计划经济时期，东北地区以全国重工业基地的姿态得到了快速发展。改革开放后，东北地区以国有大中型企业为主体的经济体面临市场经济的考验和挑战，出现了一系列问题，给东北地区的城市发展带来严重的挑战。自1997年以来，国家开始着手以国有企业改革为重点的经济体制改革，开始为东北地区城市经济社会发展提供强心剂，随后近20年内国家出于宏观调控相继出台了一系列振兴东北发展的意见和措施，在很大程度上对东北地区的经济和社会发展起到了促进作用。但也必须承认，《关于实施东北地区等老工业基地振兴战略的若干意见》《东北地区振兴规划》《东北振兴"十二五"规划》等相关规划的提出，是国家政策的缩影，而政策本身就是高层次的政府意志表达，即便房地产开发、各类工业园区的落成离不开民用企业的参与，但在很大程度上是政府推动下的空间城市化过程，具有显著的自上而下城市化发展模式痕迹。

三、东北地区生态环境发展特征分析

（一）生态环境压力指数演变过程分析

由表 3-4 确认的城市化与生态环境评价指标，收集 1990~2012 年城市化的相关数据，利用式（3-3）、式（3-4）计算东北地区、辽宁、吉林和黑龙江的资源支撑指数（RSI）、生态保障指数（ESI）、环境压力指数（EPI）和环境响应指数（ERI）4 个分指数和生态环境压力指数（EEPI）。

通过计算得出东北地区及辽宁、吉林和黑龙江三省的生态环境压力指数（见表 3-7），绘制东北地区及东北三省的生态环境压力指数演变曲线（见图 3-5）。结合图表分析发现：

表 3-7　1990~2012 年东北地区及各省份生态环境压力指数（EEPI）统计

年份	东北地区	辽宁	吉林	黑龙江
1990	0.520	0.460	0.533	0.457
1991	0.450	0.421	0.456	0.414
1992	0.495	0.489	0.455	0.458
1993	0.525	0.549	0.454	0.489
1994	0.521	0.552	0.446	0.495
1995	0.563	0.594	0.474	0.538
1996	0.561	0.600	0.498	0.532
1997	0.517	0.585	0.482	0.447
1998	0.521	0.592	0.478	0.455
1999	0.467	0.553	0.449	0.408
2000	0.484	0.569	0.471	0.427
2001	0.562	0.612	0.518	0.509
2002	0.559	0.602	0.527	0.512
2003	0.548	0.565	0.498	0.529
2004	0.572	0.590	0.517	0.551
2005	0.590	0.620	0.551	0.549
2006	0.558	0.594	0.540	0.531

第三章　东北地区城市化与生态环境的耦合过程分析

续表

年份	东北地区	辽宁	吉林	黑龙江
2007	0.580	0.587	0.606	0.599
2008	0.531	0.536	0.576	0.585
2009	0.575	0.577	0.609	0.471
2010	0.604	0.604	0.652	0.500
2011	0.550	0.525	0.599	0.494
2012	0.560	0.539	0.630	0.483

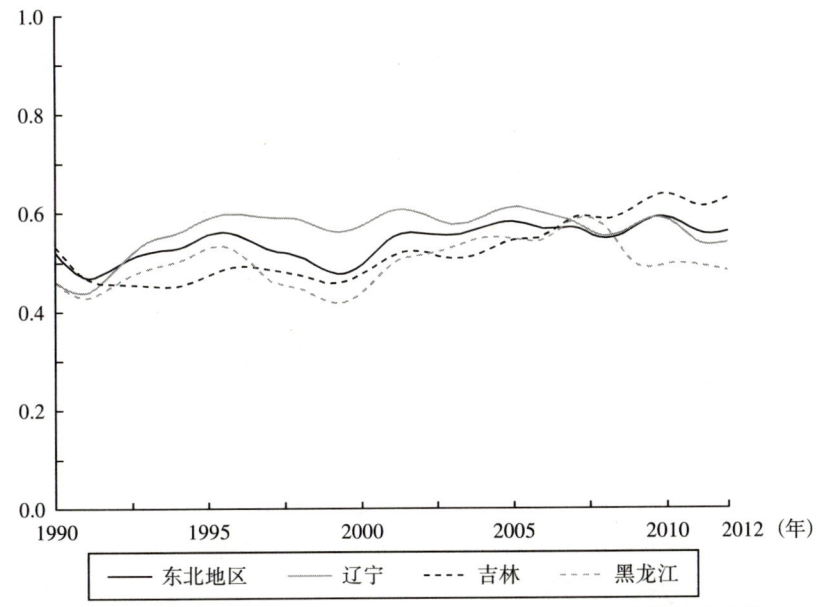

图 3-5　东北地区及辽宁、吉林、黑龙江的生态环境压力指数演变情况

东北地区生态环境压力指数演变过程整体呈现波动性升高的特征，但演变过程波动不规律性显著；此外，1990年以来，生态环境压力指数水平整体处于一个相对稳定的较高水平。值得注意的是，2000年以前，生态环境压力指数普遍高于城市化指数，且整体呈现出倒"U"形曲线；2000年以后，呈现较为明显的波动，于2010年出现生态环境压力的最大值，达到0.604。整体来看，东北地区整体生态环境压力水平保持在较高水平，尽管东北地区生

态环境压力指数波动性变化显著，但是年均增长率较低，增幅较小，表明东北地区生态环境压力水平是一定时期长期积累作用的结果，已经达到一定的程度。呈现出随着城市化发展水平的提升，生态环境压力并未呈线性增长的态势，反映出 2000 年以后，城市化发展对生态环境压力有缓减的态势。

不同的发展时期，东北三省生态环境压力指数演变呈现不同的特点。整体来看，辽宁的生态环境压力指数高于吉林、黑龙江，呈现出倒"U"形的变化曲线，分别在 1991 年和 2005 年出现生态环境压力指数的谷值 0.421 和峰值 0.620。吉林则以先下降后波动式上升为主要特征，尤其在 2005 年之后，生态环境压力指数波动性上升显著，处于东北三省的最高状态。黑龙江表现出先上升后下降再波动式下降的过程。根据变化节点年份来看，1990~1996 年，辽宁、黑龙江表现为"U"形曲线，而吉林生态环境压力指数呈现下降态势，表明该阶段东北三省的生态环境压力已经具有一定规模和基础，而尤以辽宁压力表现突出。1997~2002 年东北三省整体保持了倒"U"形的变化过程，吉林和黑龙江的生态环境压力开始增加，仍以辽宁的生态环境压力指数水平最高。2007 年之后，东北三省的生态环境压力指数又出现了分异，黑龙江和辽宁出现下降，吉林出现交替上升的过程。整体来看，1990~1996 年，东北地区及东北三省的生态环境压力指数演变说明城市化发展和经济发展放缓在一定程度上并未减缓对生态环境的压力，而是让生态环境压力作用更加有显现的机会。1997 年之后的演变过程，尤其是 2007 年之后生态环境压力出现的变化特征，在一定程度上说明城市化的推进必然会给生态环境带来压力，尽管生态环境压力指数的增速低于城市化指数，但其不断增大的生态环境压力指数也在不断逼近东北地区的生态环境承载力。

（二）生态环境压力分指数演变过程分析

根据式（3-4）计算统计东北地区及东北三省生态环境压力分项指数（见表 3-8），并绘制东北地区及东北三省各生态环境压力分项指标演变过程图（见图 3-6）。结合图表分析结果显示：

第三章 东北地区城市化与生态环境的耦合过程分析

表 3-8 1990~2012 年东北地区及东北三省生态环境压力分项指数统计

年份	东北地区				辽宁				吉林				黑龙江			
	RSI	ESI	EPI	ERI	RSI	ESI	EPI	ERI	RSI	ESI	EPI	ERI	RSI	ESI	EPI	ERI
1990	0.967	0.000	0.612	0.500	0.701	0.000	0.641	0.498	1.000	0.000	0.624	0.506	0.973	0.000	0.355	0.500
1991	0.716	0.064	0.713	0.308	0.430	0.140	0.715	0.397	0.770	0.016	0.630	0.408	0.878	0.010	0.534	0.234
1992	0.825	0.055	0.727	0.374	0.607	0.116	0.687	0.545	0.835	0.015	0.828	0.142	0.940	0.009	0.531	0.352
1993	0.902	0.123	0.782	0.292	0.762	0.207	0.711	0.518	0.854	0.105	0.850	0.006	0.990	0.045	0.710	0.210
1994	0.949	0.049	0.813	0.272	0.908	0.101	0.736	0.463	0.847	0.009	0.886	0.041	0.992	0.009	0.750	0.229
1995	0.980	0.190	0.822	0.261	0.943	0.243	0.761	0.431	0.879	0.126	0.827	0.064	0.997	0.133	0.794	0.227
1996	0.988	0.219	0.849	0.187	0.984	0.318	0.806	0.294	0.863	0.154	0.862	0.112	0.986	0.142	0.782	0.217
1997	0.484	0.478	0.836	0.270	0.603	0.603	0.819	0.315	0.382	0.506	0.849	0.191	0.468	0.229	0.709	0.382
1998	0.473	0.502	0.851	0.256	0.606	0.624	0.828	0.313	0.387	0.515	0.861	0.148	0.446	0.262	0.763	0.349
1999	0.253	0.521	0.870	0.225	0.480	0.601	0.833	0.300	0.260	0.551	0.879	0.107	0.214	0.296	0.815	0.305
2000	0.274	0.520	0.917	0.226	0.500	0.581	0.853	0.339	0.310	0.555	0.910	0.108	0.231	0.298	0.944	0.236
2001	0.564	0.540	0.922	0.223	0.641	0.623	0.873	0.311	0.499	0.575	0.923	0.074	0.524	0.301	0.918	0.296
2002	0.547	0.553	0.882	0.252	0.642	0.575	0.832	0.359	0.452	0.600	0.874	0.180	0.518	0.348	0.911	0.269
2003	0.430	0.634	0.902	0.227	0.454	0.654	0.871	0.281	0.259	0.700	0.937	0.094	0.516	0.364	0.888	0.349
2004	0.449	0.684	0.886	0.269	0.398	0.742	0.852	0.368	0.267	0.714	0.869	0.220	0.646	0.363	0.895	0.300
2005	0.440	0.755	0.757	0.409	0.413	0.800	0.708	0.561	0.239	0.757	0.723	0.487	0.612	0.419	0.876	0.289
2006	0.473	0.726	0.664	0.368	0.458	0.835	0.632	0.450	0.254	0.675	0.697	0.533	0.602	0.413	0.777	0.333

续表

年份	东北地区				辽宁				吉林				黑龙江			
	RSI	ESI	EPI	ERI	RSI	ESI	EPI	ERI	RSI	ESI	EPI	ERI	RSI	ESI	EPI	ERI
2007	0.488	0.788	0.668	0.377	0.391	0.827	0.648	0.482	0.433	0.670	0.655	0.666	0.556	0.866	0.709	0.263
2008	0.444	0.810	0.508	0.363	0.402	0.842	0.493	0.406	0.367	0.691	0.631	0.613	0.456	0.898	0.651	0.333
2009	0.460	0.901	0.602	0.336	0.425	0.895	0.654	0.333	0.382	0.887	0.554	0.614	0.442	0.579	0.475	0.391
2010	0.459	0.973	0.561	0.421	0.442	0.976	0.645	0.351	0.330	0.995	0.433	0.851	0.460	0.583	0.443	0.513
2011	0.400	0.993	0.309	0.499	0.280	0.983	0.376	0.460	0.281	0.970	0.233	0.911	0.491	0.634	0.355	0.496
2012	0.401	0.993	0.297	0.548	0.270	1.000	0.387	0.500	0.319	0.953	0.263	0.984	0.499	0.631	0.265	0.537

第三章 东北地区城市化与生态环境的耦合过程分析

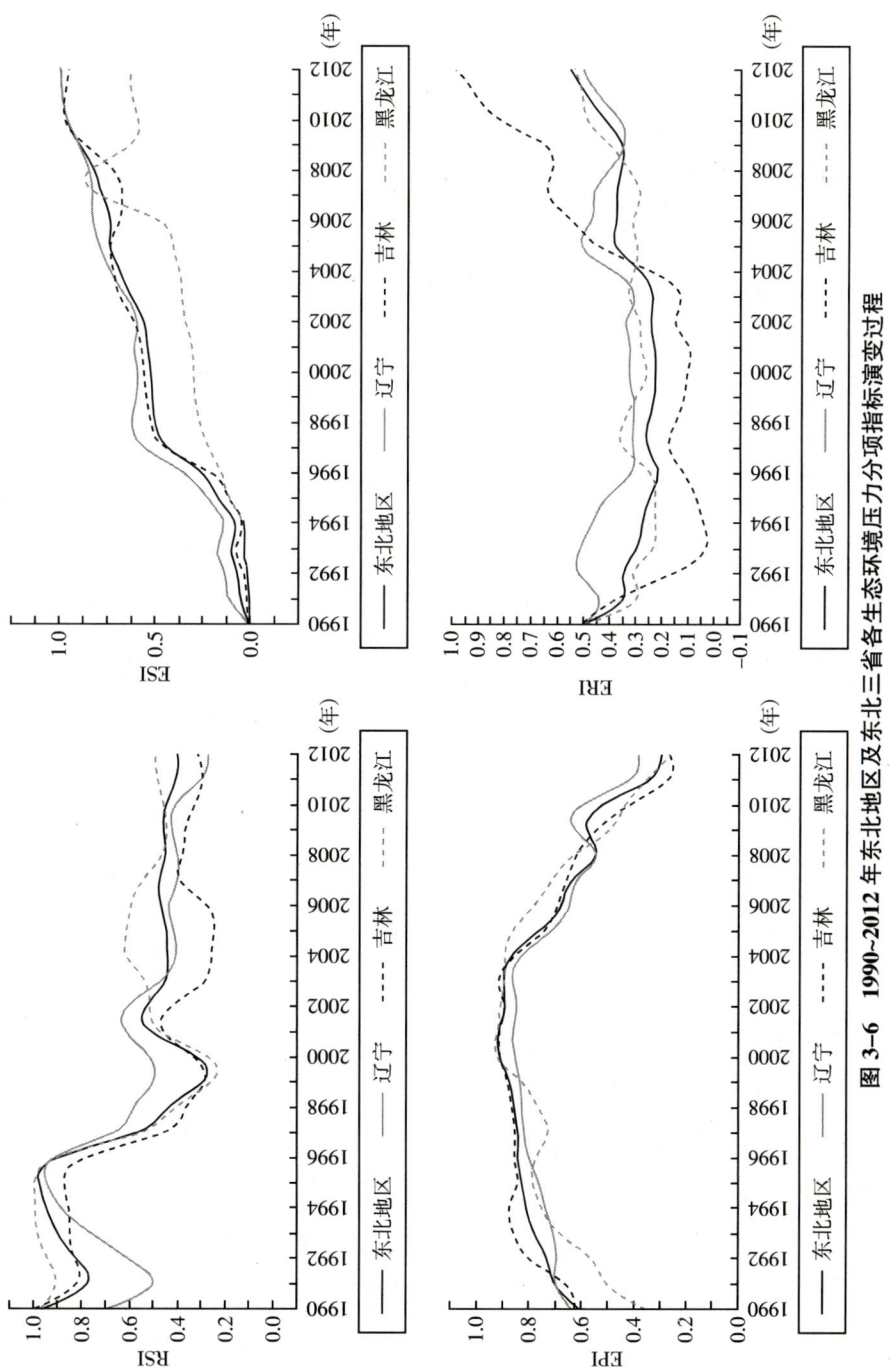

图 3-6 1990~2012 年东北地区及东北三省各生态环境压力分项指标演变过程

1. 资源支撑指数演变过程及其特征分析

从资源支撑指数（RSI）的变化情况看：东北地区资源环境支撑指数先经历波动式下降后出现相对稳定发展状态的演变过程。具体表现为 1990~1996 年和 1997~2002 年连续出现了两个"U"形变化曲线，以 1996 年为临界点，第一个"U"形曲线变化幅度较小，第二个"U"形曲线变化幅度较大，且在 1999 年资源支撑指数出现谷值，随后又有小幅上涨；2003 年之后，资源支撑指数呈现相对稳定的状态。

从各省情况看：辽宁在 1990~1996 年的资源支撑条件低于吉林和黑龙江，黑龙江的资源支撑条件最优；1997~2002 年，资源支撑供给最优分别为辽宁、黑龙江和吉林，其中吉林波动较大，值得注意的是辽宁供给水平保持在较高水平，与前一阶段水平相近，而黑龙江和吉林则出现了较大波动，综合来看，2003 年之前的资源支撑条件呈现出"类正弦曲线"；2003 年以来，黑龙江的资源支撑条件又一次超越辽宁和吉林居首，且出现变化相对平稳。资源支撑是生态环境向城市发展提供最基本物质条件的表现，其波动变化也反映了城市发展的情况。因此，东北地区在 1990~2002 年，城市发展对于水资源、用电量和液化石油气的需求出现较大幅度的变化，城市发展波动性显著；资源支撑指数反映了城市发展与生态环境的供给压力，支撑指数越强其对生态环境的压力越大，2003 年之后，生态环境对城市发展的资源提供相对稳定，有利于东北地区城市持续发展。

2. 生态保障指数演变过程及其特征分析

从生态保障指数（ESI）的变化情况来看：东北地区生态保障指数变化趋势呈现出相对稳定增长的态势，1997 年为生态保障指数的节点年份，1990~1997 年，生态保障指数出现先平缓后急速上升的过程；1998 年以后，生态保障指数出现稳步提升。从各省份的生态保障指数变化来看，辽宁、吉林与东北地区变化基本一致，辽宁的生态保障情况要优于东北地区，吉林和黑龙江则低于东北地区，尤其黑龙江更是增幅较小，仅个别年份出现例外。

第三章 东北地区城市化与生态环境的耦合过程分析

表明1990年以来,东北地区开始逐渐关注到城市建设中生态保障的重要性,关注城市的发展品质。东北地区城市生态保障程度提高与国家推行园林城市建设有着重要关系,1997年以大连市获得国家园林城市称号为契机,开启了东北地区城市生态保障的建设。生态保障指数越大,表明生态环境对城市发展的支撑越强,因此在研究期内东北地区城市发展的保障程度在不断提高,有利于城市的持续健康发展。

3. 环境压力指数演变过程及其特征分析

从环境压力指数(EPI)的变化情况看:东北地区环境压力指数整体呈现倒"U"形变化趋势。1990年东北地区环境压力指数处于0.612的高值,2003年更是达到峰值0.902,随后出现较大幅度下降,2012年降至0.297。就各省份的情况来看,东北三省与东北地区的环境压力指数演变过程类似,整体均呈现倒"U"形的变化趋势。辽宁、吉林的生态环境压力指数峰值出现在2003年,黑龙江则出现在2000年,分别为0.871、0.937和0.944。吉林和黑龙江的环境压力指数呈现交替上升的特点,在2003年以前,吉林的生态压力高于辽宁和黑龙江;2003年以后,黑龙江的生态环境压力逐渐增加;辽宁省则出现生态环境压力相对较低的情况。生态环境压力指数反映了城市发展过程对生态环境造成的直接影响和作用力,其值越大表明城市发展对生态环境压力越大,反之亦成立。

生态压力演变呈现倒"U"形变化趋势,在很大程度上反映了城市化与生态环境的关系更加和谐。在生态环境压力呈现上升趋势的1990~2003年,是东北现象从呈现到表现最为突出的阶段,东北地区城市发展相对而言较为缓慢,城市经济发展亦出现了较多问题,生态环境压力也成为积压多年之后的集中表现,反映出生态环境压力具有一定的滞后性和持久性。生态环境压力下降的2004~2012年主要得益于以下两方面:一方面,在东北振兴政策实施以来,经济结构转型产生效益,东北地区经济发展向集约化的生产方式转变,高耗能、低产出的发展模式已经逐步被替代;另一方面,21世纪以来,环境保护意识逐渐增强，环境保护技术的不断进步以及环保投资也在不断增加，促使工业"三废"排放量减少，城市发展对生态环境的压力也在逐年下降。

4. 环境响应指数演变过程及其特征分析

从环境响应指数（ERI）的变化情况看：环境响应指数的演化过程与环境压力指数呈现相反的态势。东北地区的环境响应指数呈现出1990~2002年平稳过渡，2003~2012年较大幅度增加的变化过程。从东北三省的情况来看，1990~2002年辽宁的环境响应指数整体高于吉林和黑龙江，吉林的环境响应程度最差；2003~2012年，吉林呈现快速上升发展的态势，辽宁和黑龙江则处于稳中有升的变化过程。环境响应指数越大，反映出城市发展对生态环境的治理及其维护能力越强，反之亦成立。因此，东北地区的环境响应指数是其生态环境综合发展的客观描述，反映在1990~2002年，东北地区的整体环境治理响应程度较低，在2003年实施东北振兴政策以来，才开始对生态环境予以重视，环境治理、维护、响应的程度才开始增加。环境响应与环境治理是克服生态环境压力的重要途径。

（三）东北地区生态环境发展特征总结

1. 生态环境发展呈现出动态的演化过程，城市发展对生态环境作用既有累积效应，又有消化促进作用

一方面，着重反映在城市发展过程中环境压力状态与环境响应、生态保障条件此消彼长的动态过程：由于改革开放的前10年间我国整体的环境保护意识相对薄弱，并且涉及环境保护的相关技术也比较落后，造成了东北地区以资源型与工业型相结合为特征的地域环境的严重破坏，并且在一段时期内形成了累积效应，诸如东北地区广布的资源型城市出现矿产资源枯竭而导致的各种生态环境极度恶化、水土流失、森林覆盖率下降等。随着我国改革开放进程的不断推进，以及全球"可持续发展"理念的普及，环境问题越来越引起国内外的关注，人们环境保护意识逐渐增强，有关环境保护设施的

第三章 东北地区城市化与生态环境的耦合过程分析

"三同时"政策得以更大力度的落地,城市工业发展对生态环境破坏逐渐减小。此外,以城市绿化建设为特征的城市生态保障也在不断的完善,尤其2003年之后,环境保护意识普遍增强,东北振兴政策开始着重解决"东北现象"中出现的环境问题,环境治理投资不断加大,到2012年东北地区整体环境污染治理投资总额达到1004.9亿元,占GDP比重的2%,其中辽宁、吉林、黑龙江三省的占比分别为2.75%、0.87%和1.59%。尤其2003年以来,以工业"三废"的处理达标率为代表的环境响应指标和以建成区绿化覆盖率等指标为代表的生态保障指标的增强,不断减缓城市发展过程对生态环境的压力,为生态环境的健康发展提供可能。

另一方面,资源支撑状态是城市发展的缩影。东北地区是典型的资源型与重化工业型相结合地域系统,资源型城市和工业型城市几乎是其城市类型的绝大多数,具有严重的资源依赖与重工业化结构特征,这也是"东北现象"的一个重要表征之一,电力供应、液化石油天然气和水资源的大规模供应,反映了该时期东北地区高耗能的粗放式发展特征,其"畸形"的产业结构也制约了大量人口向城市集聚,限制了城市化发展[186]。2003年以来,东北地区产业结构调整的步伐加快,资源型城市开始转型、工业型城市开始推进"退二进三"的产业结构,城市发展对于资源、能源的依赖有所下降,并且逐渐趋于稳定。

2. 政府决策引导机制对生态环境的发展起到积极的引导作用

尽管城市化的发展在很大程度上决定了生态环境发展的动态演变,但生态环境的发展仍然受到政府决策的引导,并且有积极向好的发展趋势。1990~2002年,环境保护意识的薄弱与环境保护政策推广力度的不足使城市发展对生态环境的作用基本处于无限制的境地。2003年以来,基于以上两方面的综合作用,生态环境保护效果较为显著,在城市发展的同时,能够保持基本的动态稳定。

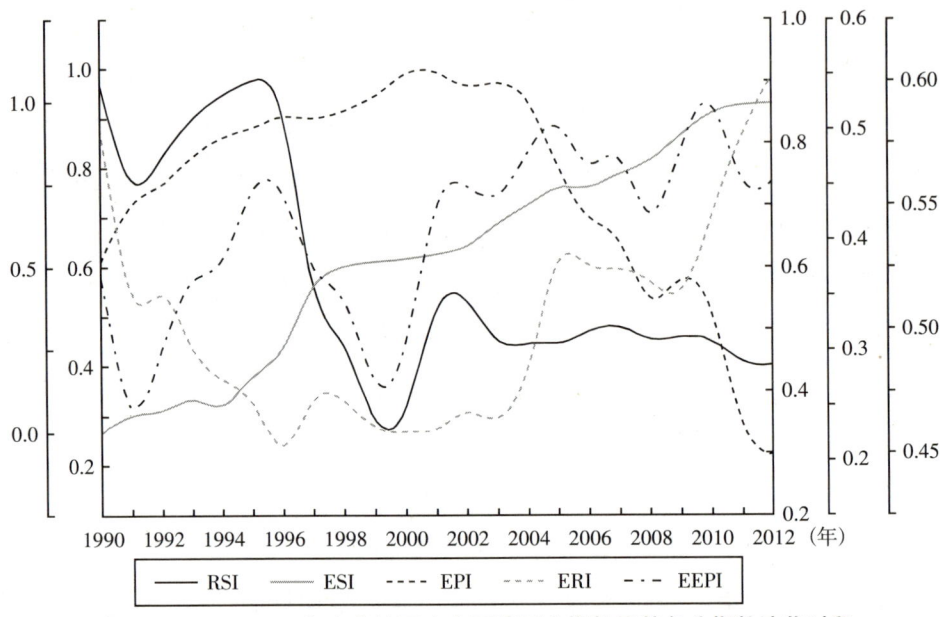

图 3-7 1990~2012 年东北地区生态环境压力指数及其各分指数演化过程

四、城市化与生态环境耦合协调过程及其特征分析

运用式（3-5），分别计算得出东北地区及东北三省城市化与生态环境的耦合度（C）、协调度（T）和耦合协调度（D）。

（一）耦合度、协调度分析

依据耦合度值大小将其划分为不同的耦合类型，当 C = 0 时，耦合度极小并向无序发展，当耦合度值 C∈(0，1] 时将城市划分为低度耦合型 (0，0.25]、中度耦合型 (0.25，0.50]、较高度耦合型 (0.50，0.75] 和高度耦合型 (0.75，1] 四类。同理，协调度划分为严重不协调 (0，0.25]、基本不协调 (0.25，0.50]、协调 (0.50，0.75) 和高级协调 (0.75，1) 四类。

表 3-9 是东北地区城市化与生态环境的耦合度（C）类型特征，在研究期的 23 年中，东北地区有 16 年处于城市化对生态环境的中度耦合状态，仅 1991~1997 年的 7 年间东北地区城市化与生态环境处于低度耦合；通过东北

第三章 东北地区城市化与生态环境的耦合过程分析

表3-9 1990~2012年东北地区及各省份城市化与生态环境的耦合度、协调度统计

年份	耦合度（C）				协调度（T）			
	东北地区	辽宁	吉林	黑龙江	东北地区	辽宁	吉林	黑龙江
1990	0.335	0.196	0.041	0.421	0.330	0.258	0.272	0.327
1991	0.241	0.275	0.313	0.401	0.262	0.252	0.283	0.286
1992	0.214	0.301	0.251	0.350	0.282	0.300	0.267	0.296
1993	0.131	0.258	0.238	0.187	0.282	0.324	0.263	0.273
1994	0.198	0.273	0.328	0.201	0.293	0.330	0.281	0.279
1995	0.202	0.240	0.338	0.232	0.318	0.345	0.302	0.311
1996	0.190	0.246	0.359	0.088	0.314	0.351	0.325	0.279
1997	0.482	0.464	0.488	0.493	0.434	0.462	0.418	0.399
1998	0.489	0.463	0.496	0.497	0.454	0.466	0.437	0.424
1999	0.499	0.483	0.500	0.500	0.445	0.467	0.436	0.413
2000	0.498	0.493	0.498	0.500	0.454	0.508	0.446	0.424
2001	0.493	0.489	0.499	0.495	0.503	0.531	0.492	0.465
2002	0.495	0.492	0.498	0.495	0.507	0.536	0.498	0.464
2003	0.499	0.498	0.499	0.496	0.530	0.533	0.523	0.483
2004	0.500	0.499	0.499	0.495	0.561	0.565	0.543	0.500
2005	0.500	0.500	0.499	0.496	0.590	0.604	0.576	0.505
2006	0.498	0.499	0.496	0.499	0.592	0.615	0.593	0.505
2007	0.498	0.497	0.499	0.497	0.624	0.639	0.634	0.558
2008	0.487	0.485	0.492	0.499	0.632	0.649	0.659	0.564
2009	0.488	0.485	0.494	0.491	0.681	0.695	0.684	0.546
2010	0.485	0.482	0.493	0.489	0.730	0.747	0.739	0.586
2011	0.465	0.460	0.477	0.473	0.746	0.732	0.763	0.645
2012	0.462	0.455	0.481	0.465	0.773	0.769	0.784	0.658

地区城市化与生态环境的协调度（T）类型特征发现，研究期内东北地区在1990~2000年的10年间处于基本不协调的状态，2001~2012年城市化与生态环境基本处于协调发展的状态。从各省份城市化与生态环境耦合情况看：辽宁、吉林和黑龙江的耦合度基本以中度耦合为主，仅在1997年以前的个别

年份出现低度耦合。从各省份城市化与生态环境的协调度分析来看：辽宁的协调程度最优，在2000年即进入城市化与生态环境的协调发展状态；吉林和黑龙江的城市化与生态环境协调性大致相同，在2003年以后实现城市化与生态环境的协调发展，在此之前的年份城市化与生态环境均处于基本不协调的状态。

（二）耦合协调度分析

根据式（3-5）有关耦合协调度及城市化指数 $f(x)$ 和生态环境指数 $g(y)$ 的大小，并借鉴物理学关于协调类型的划分成果[187]，将城市化与生态环境的耦合类型分为3大类、4个亚类和12个子型，如表3-10所示。

表3-10 城市化与生态环境的耦合协调度类型划分

类型	D 值域	亚类	子类	$f(x)$、$g(x)$ 关系
协调发展	(0.8, 1]	高级协调	高级协调 Ⅰ	$f(x) \approx g(y)$
			高级协调 Ⅱ	$f(x) > g(y)$
			高级协调 Ⅲ	$g(y) > f(x)$
过度发展	(0.5, 0.8]	基本协调	基本协调 Ⅰ	$f(x) \approx g(y)$
			基本协调 Ⅱ	$f(x) > g(y)$
			基本协调 Ⅲ	$g(y) > f(x)$
不协调发展	(0.3, 0.5]	基本不协调	基本不协调 Ⅰ	$f(x) \approx g(y)$
			基本不协调 Ⅱ	$f(x) > g(y)$
			基本不协调 Ⅲ	$g(y) > f(x)$
	(0, 0.3]	严重不协调	严重不协调 Ⅰ	$f(x) \approx g(y)$
			严重不协调 Ⅱ	$f(x) > g(y)$
			严重不协调 Ⅲ	$g(y) > f(x)$

注：当 $f(x) > g(y)$ 时，城市化发展优于生态环境，生态环境发展滞后；当 $g(y) > f(x)$ 时，生态环境发展优于城市化发展，城市化发展滞后。

通过对耦合度和协调度的整合计算得出东北地区及东北三省城市化与生态环境的耦合协调度（D）。

第三章 东北地区城市化与生态环境的耦合过程分析

表 3-11 东北地区及各省份城市化与生态环境的耦合协调度及耦合协调类型划分

年份	东北地区	耦合协调类型	辽宁	耦合协调类型	吉林	耦合协调类型	黑龙江	耦合协调类型
1990	0.332	基本不协调Ⅲ	0.225	严重不协调Ⅲ	0.106	严重不协调Ⅲ	0.371	基本不协调Ⅲ
1991	0.251	严重不协调Ⅲ	0.263	严重不协调Ⅲ	0.298	严重不协调Ⅲ	0.339	基本不协调Ⅲ
1992	0.245	严重不协调Ⅲ	0.300	严重不协调Ⅲ	0.259	严重不协调Ⅲ	0.322	严重不协调Ⅲ
1993	0.192	严重不协调Ⅲ	0.289	严重不协调Ⅲ	0.250	严重不协调Ⅲ	0.226	严重不协调Ⅲ
1994	0.241	严重不协调Ⅲ	0.300	严重不协调Ⅲ	0.304	严重不协调Ⅲ	0.237	严重不协调Ⅲ
1995	0.253	严重不协调Ⅲ	0.288	严重不协调Ⅲ	0.320	基本不协调Ⅲ	0.269	基本不协调Ⅲ
1996	0.244	严重不协调Ⅲ	0.294	严重不协调Ⅲ	0.341	基本不协调Ⅲ	0.157	基本不协调Ⅰ
1997	0.457	基本不协调Ⅰ	0.463	基本不协调Ⅰ	0.452	基本不协调Ⅰ	0.443	基本不协调Ⅰ
1998	0.471	基本不协调Ⅰ	0.464	基本不协调Ⅰ	0.465	基本不协调Ⅰ	0.459	基本不协调Ⅰ
1999	0.471	基本不协调Ⅰ	0.475	基本不协调Ⅰ	0.467	基本不协调Ⅰ	0.455	基本不协调Ⅰ
2000	0.475	基本不协调Ⅰ	0.500	基本不协调Ⅰ	0.472	基本不协调Ⅰ	0.461	基本不协调Ⅰ
2001	0.498	基本不协调Ⅱ	0.510	基本不协调Ⅰ	0.495	基本不协调Ⅰ	0.480	基本不协调Ⅰ
2002	0.501	基本不协调Ⅲ	0.514	基本协调Ⅰ	0.498	基本不协调Ⅰ	0.479	基本不协调Ⅰ
2003	0.514	基本协调Ⅰ	0.515	基本协调Ⅰ	0.511	基本协调Ⅰ	0.489	基本不协调Ⅰ
2004	0.529	基本协调Ⅰ	0.531	基本协调Ⅰ	0.520	基本协调Ⅰ	0.497	基本不协调Ⅰ
2005	0.543	基本协调Ⅰ	0.549	基本协调Ⅰ	0.536	基本协调Ⅰ	0.501	基本协调Ⅰ
2006	0.543	基本协调Ⅰ	0.554	基本协调Ⅰ	0.542	基本协调Ⅱ	0.502	基本协调Ⅰ
2007	0.557	基本协调Ⅰ	0.563	基本协调Ⅰ	0.562	基本协调Ⅱ	0.527	基本协调Ⅰ

续表

年份	东北地区	耦合协调类型	辽宁	耦合协调类型	吉林	耦合协调类型	黑龙江	耦合协调类型
2008	0.555	基本协调Ⅱ	0.561	基本协调Ⅱ	0.569	基本协调Ⅱ	0.531	基本协调Ⅰ
2009	0.576	基本协调Ⅱ	0.581	基本协调Ⅱ	0.581	基本协调Ⅱ	0.518	基本协调Ⅰ
2010	0.595	基本协调Ⅱ	0.600	基本协调Ⅱ	0.604	基本协调Ⅱ	0.535	基本协调Ⅰ
2011	0.589	基本协调Ⅱ	0.580	基本协调Ⅱ	0.603	基本协调Ⅱ	0.552	基本协调Ⅱ
2012	0.598	基本协调Ⅱ	0.592	基本协调Ⅱ	0.614	基本协调Ⅱ	0.553	基本协调Ⅱ

第三章　东北地区城市化与生态环境的耦合过程分析

由表 3-11 发现：自 1990 年以来，东北地区城市化与生态环境的发展经历了不协调→过度发展的耦合演变过程。1990~2002 年的 12 年间，东北地区均处于不协调的状态，尤其 1991~1997 年处于严重不协调的状态，其他时间也是以基本不协调状态为特征。进一步细分可以发现，1990~1998 年以严重不协调Ⅲ类为主，即该阶段城市化发展滞后，生态环境压力大于城市化发展水平；1999~2001 年开始进入到基本不协调Ⅰ→Ⅱ的阶段，表明城市化发展水平给生态环境带来压力大体相当，城市化发展逐渐提升。2003 年以来，东北地区城市化与生态环境发展进入基本协调发展的状态，城市化与生态环境的压力相辅相成。进一步细分，在基本协调的状态也呈现出城市化发展不断提升的过程，由城市化之后的基本协调Ⅲ向基本协调Ⅱ转变，生态环境压力也呈现相对降低的状态。

辽宁、吉林和黑龙江同样经历了不协调→过度发展的耦合演变过程，只是各省份进入协调发展阶段的时间依次滞后，相对而言，辽宁、吉林和黑龙江处于城市化与生态环境的良性发展持续时间依次递减。进一步细化城市化与生态环境耦合协调的子类发现，三省均经历了城市化发展滞后且生态环境压力大→城市化发展与生态环境相辅相成→城市化质量提升的演变过程。而城市化发展水平受限是其重要原因，辽宁优于吉林和黑龙江，黑龙江城市化发展水平最低。

第四节　城市化与生态环境耦合过程特征总结

本书在对东北地区城市化发展与生态环境发展演变过程的梳理基础上，从定性与定量相结合的角度尽可能完整地还原了工业化以来东北地区城市化与生态环境的相互作用关系，可以发现，其城市化与生态环境耦合过程呈现出阶段性特征。

一、殖民背景催生的城市化与生态环境的畸形发展阶段

晚清以来,东北地区主动地或者被动地呈现出了开放的状态,以"龙兴之地解禁带来的闯关东人口迁移"促使了人口大量集聚,日俄为首的外国侵略开启了殖民背景下的工业化发展,之后日据时期以掠夺为特征的工矿业迅速发展。尽管该时期内,工矿业发展促使现代城市得以迅速发展,东北境内大城市数量成倍增长,沈阳、长春、哈尔滨等城市更是成为当时国内重要的大都市,工业生产也在全国排有重要的位置,但这些城市的政治、军事、经济殖民烙印显著,工业结构比重极高,城市发展处于一种失衡的状态。殖民统治下的东北地区生态环境更是遭到掠夺式的破坏,为了满足自身的侵略意图,日本对东北地区矿区进行了不可逆的开发,造成许多矿区毁坏,资源、能源未开发已浪费的结局。可以说,该时期的城市化发展是畸形的,更对生态环境造成恶劣影响。1945年日本投降之后,东北地区的城市化发展进入到短暂的停滞期,而生态环境的破坏,尤其是矿产能源的破坏则是不可恢复的。从城市发展的生命周期看,该阶段东北地区的城市恰好经历了兴起→发展→衰败的一个周期,短暂而畸形,生态环境破坏则处于不断加强的状态,成为城市化与生态环境发展耦合过程中鲜明的畸形时期。

二、城市化与生态环境的基本协调发展阶段

1949~1978年,城市化发展呈现类"Ω"形波动而生态环境则表现恶化积累的过程。新中国成立以来,东北地区因其特殊的资源环境禀赋和工业化发展基础,决定了其成为国家发展的重点区域,城市发展更是一马当先,工业发展达到了全国的一半左右,尤其"一五""二五"时期东北地区城市更是得到前所未有的发展,之后受国家政策的影响,造成了城市人口下降,出现了长达十几年的城市人口负增长,导致城市发展的停滞,历经了过山车式

第三章 东北地区城市化与生态环境的耦合过程分析

的发展状态。尽管如此，东北地区的发展过程在开始时就走上了一条对资源环境索取的道路，新中国成立之初的30年是生态环境破坏的积累过程，相对而言该过程中由于工业化发展和城市化发展的停滞不前，积累效应产生的后果不足以达到其生态环境阈值，城市化与生态环境相互作用相对来说基本协调。

三、城市化迅速发展与生态环境作用的不协调性显现

改革开放的最初10年，全国性的生产力解放和全国亟待建设的状态，使得对于煤炭、石油等能源以及钢铁等资源需求量大增，给东北地区城市带来进一步繁荣，更成就了东北地区的资源型城市和工业型城市的辉煌。而在这个过程中，对生态环境的索取也是无节制的，一方面经济发展利益的驱动成为主要的目标，另一方面人类的环境意识淡薄，加之环境治理技术的缺乏，成为东北地区以工业化发展为特征时期城市化与生态环境出现矛盾的根本。长时间的城市规模、产业结构、人口集聚，粗放式的开发过程和低质量的生态状态与方式，造成了水污染等一系列的环境问题，城市化与生态环境不协调发展开始出现。

四、城市化与生态环境经历向协调发展的动态演变

自1990以来，东北地区城市发展经历了从低迷期到恢复发展期的过程，1990~2002年，东北地区城市陷入"东北现象"的困境中，城市发展几近停滞，就业、城市基础设施建设、社会保障等问题集中爆发，城市发展情势低迷；而与之相对应的生态环境，出现了改革开放以来快速发展下积累的种种问题，生态环境压力达到历史最大值。综合城市化发展的低迷与生态环境压力巨大的悬殊情况，东北地区城市化与生态环境出现严重的不协调，持续时间更是长达近10年之久。随着国家出台振兴东北老工业基地相关政策，2003年以后，城市建设开始逐渐恢复，并且以城

市基础设施建设完善，城市生态环境建设为特征的城市内涵式发展逐渐兴起，为东北地区城市发展带来新的发展机遇。可持续发展理念的推广，使得生态环境也开始逐渐被关注，以工业"三废"的治理和城市绿化建设等为主导生态环境保护响应被提高，加之城市发展的转型，对生态环境的资源、能源逐渐下降，生态环境压力下降，城市化与生态环境逐渐恢复协调发展状态。

基于对工业化以来东北地区城市化与生态环境耦合过程的全景式特征描述，绘制其城市化与生态环境耦合作用关系的演变示意图，如图 3-8 所示。

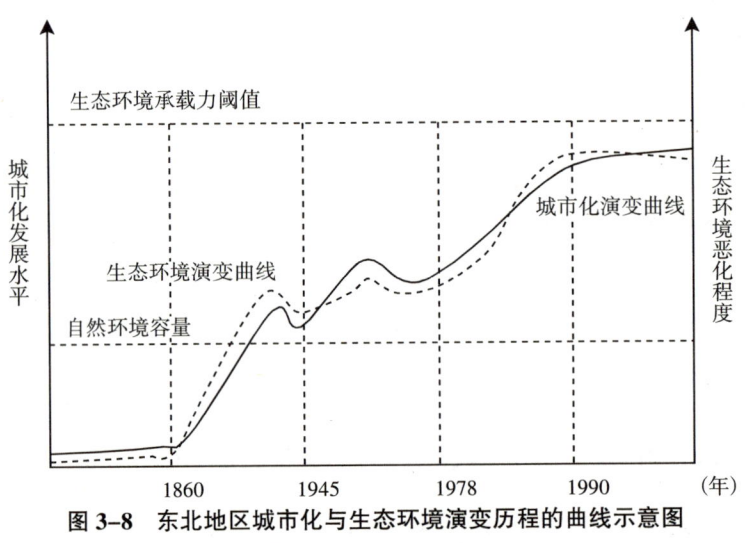

图 3-8　东北地区城市化与生态环境演变历程的曲线示意图

参考环境库兹涅茨倒"U"形曲线的一般演化规律，长期来看，东北地区的生态环境整体处于一个压力递进式的演变过程，20 世纪 90 年代以来，生态环境压力达到了历史最大值，也彰显了东北地区工业化背景下生态环境特征，并且生态环境压力在随后的时期内一直保持较高值，虽有逐渐下降的态势，但并不显著，在未来一段时期内可能仍将保持一个稳定的压力过程。值得注意的是，东北地区城市化发展经历了数个类"S"形的衔接，与其各种历史、政策调控有极大关系，也成为东北地区独有的发展特点。从研究结

第三章 东北地区城市化与生态环境的耦合过程分析

果看,东北地区的城市化发展与生态环境是紧密相关的,尽管环境压力强度已经处于较高位,但并未超出其生态环境承载力阈值。目前看,两者也在逐渐进入到一个相对协调发展的阶段,仍有较大的提升和改善空间。

第四章　东北地区城市化与生态环境耦合格局分析

在前文以省级行政单元为研究对象分析东北地区城市化与生态环境的耦合过程的基础上，本章以东北地区地级市为研究对象进一步深入分析城市化与生态环境耦合格局。但2003年以前有关地级市的生态环境统计数据缺失严重，在充分考虑统计指标数据的可获得性基础上，以东北地区振兴政策实施年2003年为起始年份，分析其城市化与生态环境的耦合格局，探讨东北地区进入城市化与生态环境相对协调发展阶段后的空间格局情势。

第一节　城市化与生态环境耦合关系判别模型

根据第二章有关城市化与生态环境的国内外研究综述不难发现，关于城市化与生态环境耦合关系、协调程度的研究方法很多，如指标体系法、德尔菲法（Delphi）、生态足迹法、层次分析法（AHP）、熵—模糊综合法（Entropy-fuzzy Synthesis）等定量分析方法。但这些方法往往存在主观性太强的问题，其计算过程的前提如确定各指标的权重具有较大的主观性，容易导致测度结果的非公正性。不仅如此，这些方法还存在相对静态的研究特征，并不能良好地体现城市化与生态环境的动态过程。基于此，本章从城市化与生态环境系统演化的动态性及其系统性的属性出发,构建更容易彰显城市化与生态环境耦合的模型,进而分析其空间格局。

一、基于数据包络分析的判别模型

数据包络分析法(DEA)是一种能较好地解决权重主观性的方法,通常利用数据包络分析模型(DEA)来测度效率。它以"相对效率"概念为基础,特别适用于多输入、多输出的复杂系统,可用于评价对象(包括同尺度研究区域)投入产出系统相对有效性的评估。DEA采用最优化方法内生确定了各种投入要素的权重,避免了投入与产出关系的具体表达,排除了很多主观因素,而且具有与市场价格无关等优点,适合城市化这一复杂经济体及其与生态环境系统的耦合关系评价。不仅如此,根据评价结果,还可以确定哪些输入对于输出是有效的、有效的程度如何,进而判断评价对象的投入规模是否适当(冗余或不足),并得出调整投入规模的正确方向和程度。目前,使用DEA方法进行城市投入产出效率评价的文献很多,但用于城市化与生态环境的耦合关系的研究尚少,因此成为本书的一个方法创新的尝试。DEA是由美国运筹学家Charnes和Cooper等于1978年提出的一种评价决策单元(DMU)相对有效的非参数方法。每个DMU有m种投入指标,s种产出指标,并设x_{mj}为DMU_j第m种资源的投入量,y_{nj}为DMU_j第s种产出量,对于投入主导型的BCC模型而言,第$j(j=1, 2, \cdots, n)$个DMU有如下的DEA模型:

$$\begin{cases} \min \theta \\ \text{s.t.} \quad \sum_{j=1}^{n} x_j \lambda_j \leq \theta x_0 \\ \sum_{j=1}^{n} y_j \lambda_j \geq y_0 \\ \sum \lambda_j = 1, \ \lambda_j \geq 0, \ j=1, 2, \cdots, n \end{cases} \quad (4-1)$$

第四章　东北地区城市化与生态环境耦合格局分析

式中，θ 为效率评价指数，λ_j 为各市投入和产出的权向量，该式计算得出的是各市纯技术效率值（Tec），去掉凸性假设（$\sum \lambda_j = 1$）求得综合效率值（Crs）和规模效率（Sca）[188]。

根据前文关于城市化与生态环境系统的复杂性理解，将城市化与生态环境看作一个互为输入、输出的投入产出系统，可应用 DEA 的 C^2R、BCC 等传统模型，进行城市化与生态环境两大系统之间的转化、消耗关系评价，具体可表达为：一方面，将生态环境指标作为系统输入，城市化指标作为系统输出，进行数据包络分析，则其投入产出有效性评价数值可作为生态环境与城市化的发展协调效率（记作 $\Delta D_{U-E'}$ 效率评价）；另一方面，将城市化指标作为系统输入，生态环境指标作为系统输出，进行数据包络分析，则其投入产出有效性数值可作为城市化与生态环境的发展协调效率（记作 $\Delta D_{E-U''}$ 效率评价）。

将 $\Delta D_{U-E'}$ 与 $\Delta D_{E-U''}$ 进行比较分析，判定城市化与生态环境协调状态的耦合关系。若 $\Delta D_{U-E'}$ 与 $\Delta D_{E-U''}$ 的值大体相当，表明城市化与生态环境发展处于相对稳定的协调状态；若 $\Delta D_{U-E'}/\Delta D_{E-U''}$ 小于 1，则表明城市化发展给生态环境带来较大压力，且城市化发展水平受限；若 $\Delta D_{U-E'}/\Delta D_{E-U''}$ 大于 1，则表明城市化发展良好，生态环境压力较小，如表 4-1 所示。

表 4-1　基于 DEA 方法的城市化与生态环境协调状态耦合关系判定依据

状态判定	评价结果 DEA′ 与 DEA″ 的关系	状态特征
不协调	$\Delta D_{U-E'}/\Delta D_{E-U''} < 1$	城市化或生态环境发展可接受；二者利益冲突大
基本协调	$\Delta D_{U-E'}/\Delta D_{E-U''} \approx 1$	城市化与生态环境发展均可接受，二者利益冲突较小
良好	$\Delta D_{U-E'}/\Delta D_{E-U''} > 1$	城市化与生态环境发展都满意

二、基于弹性指数的判别模型

城市化发展与生态环境的发展演化均是动态的过程，其耦合评价也应该注重其动态性特征。因此，可借鉴脱钩弹性指数的内涵及表示方法[189]，以城市化指数（UI）和生态环境指数（EEPI）为基础，构建城市化与生态环境的耦合（脱钩）弹性指数（ES）。

$$ES_t = \frac{\Delta EEPI_t}{\Delta UI_t} = \frac{(EEPI_e - EEPI_s)/EEPI_s}{(UI_e - UI_s)/UI_s} \tag{4-2}$$

式中，ES_t 表示 t 时期生态环境对城市发展的脱钩程度；ΔUI_t 和 $\Delta EEPI_t$ 分别表示 t 时期城市化指数和生态环境压力指数变化率；$EEPI_s$ 和 $EEPI_e$ 分别表示 t 时期起始年与末年的生态环境压力指数；UI_s 和 UI_e 分别表示 t 时期起始年与末年的城市化指数；根据 Tapio 的研究成果[190]，共划分出脱钩、连接、负脱钩三大类，具体包括强脱钩、弱脱钩、衰退性脱钩、衰退性连接、扩张性连接、扩张性负脱钩、弱负脱钩、强负脱钩八种状态（见表 4-2）。在本书中，脱钩强调城市化与生态环境的发展关系不大，或者城市化的发展并不因其生态环境的恶化而减缓或停滞，不能用单纯的"不协调"表达，可以表达城市发展更为良好的状态；负脱钩表达城市化与生态环境的耦合关系，强调城市化的发展会引起生态环境的变化。

三、耦合关系判别指标与数据

1. 耦合关系判别的指标体系

前文在研究东北地区城市化与生态环境耦合过程时，以省级行政单元为研究对象，本章旨在研究城市化与生态环境耦合格局，需进一步以地级市为研究对象，以克服省级行政单元数量少而带来的格局不显著问题。与此同时，地级市从属于省级行政单元，在研究城市化与生态环境耦合格局时应尽可能完整地应用已有的指标体系，以确保研究具有延续性且出自于同一理论

表 4-2　城市化与生态环境脱钩程度判断标准

脱钩程度	脱钩（De-coupling）			连接（Inter-linking）		负脱钩（Re-coupling）		
	强脱钩（DC-Ⅰ）	弱脱钩（DC-Ⅱ）	衰退性脱钩（DC-Ⅲ）	衰退性连接（IL-Ⅰ）	扩张性连接（IL-Ⅱ）	扩张性负脱钩（RC-Ⅰ）	弱负脱钩（RC-Ⅱ）	强负脱钩（RC-Ⅲ）
ΔUI_t	$\Delta UI_t>0$	$\Delta UI_t>0$	$\Delta UI_t<0$	$\Delta UI_t<0$	$\Delta UI_t>0$	$\Delta UI_t>0$	$\Delta UI_t<0$	$\Delta UI_t<0$
$\Delta EEPI_t$	$\Delta EEPI_t<0$	$\Delta EEPI_t>0$	$\Delta EEPI_t<0$	$\Delta EEPI_t<0$	$\Delta EEPI_t>0$	$\Delta EEPI_t>0$	$\Delta EEPI_t<0$	$\Delta EEPI_t>0$
ES_t	$ES_t<0$	$0<ES_t<0.8$	$ES_t>1.2$	$0.8<ES_t<1.2$	$0.8<ES_t<1.2$	$ES_t>1.2$	$0<ES_t<0.8$	$ES_t<0$

框架。基于此,在前文已确定的城市化与生态环境综合评价指标体系(见表3-4)基础上,考虑地级市数据的可获得性问题,实际选取东北地区地级城市的城市化与生态环境耦合格局研究的指标体系,如表4-3所示。

表4-3 城市化与生态环境评价综合指标体系

系统	一级指标	二级指标
城市化综合系统指标	人口城市化	非农业人口占比(%)
		第二、第三产业就业人员比重(%)
		人口密度(人/平方千米)
	空间城市化	每万人拥有建成区面积(平方千米/万人)
		人均城市道路面积(平方米/人)
	经济城市化	人均GDP(元/人)
		第二、第三产业增加值占GDP比重(%)
	社会城市化	人均社会消费品零售总额(元/人)
		人均固定资产投资(元/人)
		万人拥有医生数(人)
生态环境综合系统指标	资源支撑要素	人均全年供水总量*(吨/人)
		人均全年用电总量*(千瓦时/人)
		人均液化石油气供气总量*(吨/万人)
	生态保障要素	建成区绿化覆盖率(%)
		人均拥有绿地面积(公顷/万人)
	环境压力要素	人均工业废水排放量*(吨/人)
		人均工业废气产生量*(万标准立方米/人)
		人均工业固定废物产生量*(吨/人)

注:其中带*号的为负向(成本)指标,其余的为正向(效益)指标。

2. 数据来源说明

按照"过程—格局—机理"的研究范式,本阶段研究是对东北地区城市化与生态环境耦合过程研究的延续,强调探讨东北地区地级以上城市城市化与生态环境之间耦合关系的判别及其空间格局。因此,研究以东北地区(黑龙江、吉林、辽宁三省）共 34 个地级以上城市为研究对象。考虑东北地区地级市尺度环境指标数据的可获得性，选取研究时间跨度为 2003~2012 年，文中所采用的数据均来源于《中国城市统计年鉴》（2004~2013）、《辽宁统计年鉴》（2004~2013）、《吉林统计年鉴》（2004~2013）、《黑龙江统计年鉴》（2004~2013），对出现的部分缺失数据进行调查补充，或按照增长率法进行填平处理。

第二节　基于 DEA 模型的城市化与生态环境耦合格局实证

一、研究思路

（一）城市新陈代谢效率的引入

城市是拥有生命力的生命有机体，具有生存意识及主动性、内部自组织协作及其与环境交互作用三个基本特征[191]。城市通过新陈代谢与外界环境进行着物质、能量交换，一方面，城市通过内部系统的自组织协作从生态环境中不断汲取自身发展的各种资源、能源，以促进城市化发展为表征，构成城市新陈代谢的同化作用；另一方面，在城市运转过程中既不断地释放能量来维持城市化的表征和城市运转，又向生态环境中释放诸如工业污水、废气等各种新陈代谢后的产物，称为城市新陈代谢异化作用（见图 4-1）。城市通过这种不断进行的摄取和释放来满足城市的自身稳态，以维持城市的健康平衡状态。引入城市新陈代谢效率的概念，结合生物学理论，将新陈代谢作用进一步表达为城市同化效率（Urban Assimilation Efficiency，UAE）和城市异化效率（Urban Dissimilation Efficiency，UDE），前者强调要素投入—产出的

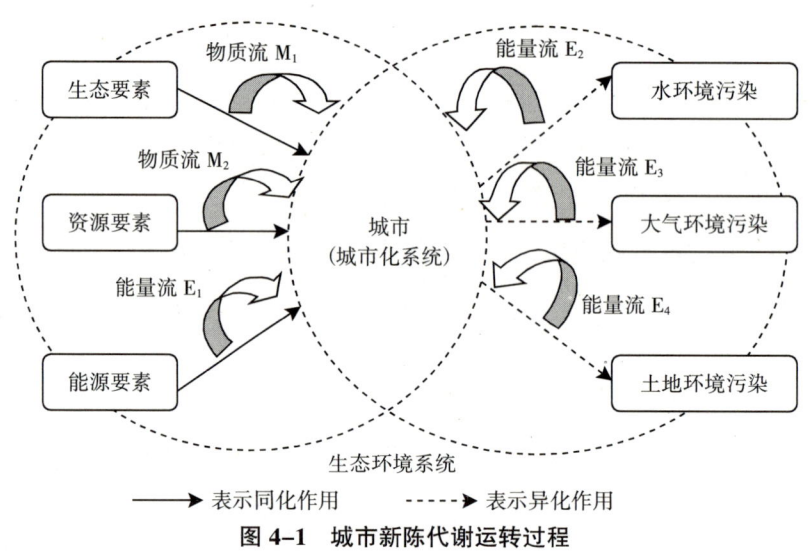

图 4-1　城市新陈代谢运转过程

效率越高城市越健康，后者追求向环境释放的有害物质最小化。

（二）城市新陈代谢效率的计算

本章旨在通过与生命有机体新陈代谢运作的类比，分析城市新陈代谢同化作用与异化作用关系，诊断城市化与生态环境的相互作用关系。借助构建的城市新陈代谢效率评价指标体系（见表 4-3），利用 DEA 模型（4-1）进行城市新陈代谢效率的计算，并且从同化效率和异化效率两个维度来测度城市代谢效率。其中，城市同化效率表征生态环境投入与城市化产出间的效率，选取资源、能源要素和生态保障要素为投入要素，选取人口、空间、经济和社会城市化为产出要素，追求生态环境要素转化为城市化的最大效应；城市异化效率表征城市化投入与生态环境产出之间的效率，确定人口、空间、经济和社会城市化为投入要素，生态威胁要素和生态响应要素为产出要素，是城市向生态环境释放代谢废物、生态环境产生响应和产生城市运行能量的过程，追求环境有害物质排放的最小化。数据使用之前，为了避免指标体系量纲的差异，对各指标进行数量极化无量纲处理，其中针对指标体系中的正向、负向指标采用不同的处理方式，正向指标 $X'_{ij} = (X_{ij} - X_{jmin})/(X_{jmax} -$

第四章 东北地区城市化与生态环境耦合格局分析

X_{jmin}）；负向指标 $X'_{ij} = (X_{jmax} - X_{ij})/(X_{jmax} - X_{jmin})$。根据文章需要，利用 DEA 模型测得综合效率值（Crs）和规模报酬状态（Sr）。综合效率值（Crs）即为所测最终结果，直接反映城市新陈代谢效率值，若综合效率值为 1，说明投入与产出水平达到最优效率。规模报酬状态（Sr）包含规模报酬递增状态（irs）、规模报酬最优状态（–）和规模报酬递减状态（drs）三类，遵循规模报酬递减规律。

二、城市新陈代谢的结果与分析

利用上述 DEA 模型，借助 DEAP2.1 计算软件，分别计算得出 2003~2012 年城市新陈代谢效率，并选取 2003 年、2005 年、2007 年、2009 年和 2012 年 5 个截面内东北地区 34 个城市的同化绩效、异化绩效及其综合效率（Crs）和规模报酬效应（Sr），见表 4-4 和表 4-5，并归纳分析其特征。

表 4-4 东北地区 34 个城市同化效率分析

	2003 年		2005 年		2007 年		2009 年		2012 年	
	Crs	Sr	Crs	Sr	Crs	Sr	Crs	Sr	Crs	Sr
沈阳	1	–	1	–	1	–	1	–	1	–
大连	1	–	1	–	1	–	1	–	1	–
鞍山	1	–	1	–	1	–	1	–	1	–
抚顺	0.586	drs	0.621	drs	0.724	drs	0.985	drs	0.702	irs
本溪	0.342	drs	0.447	drs	0.449	drs	0.539	irs	0.642	drs
丹东	0.544	irs	0.894	drs	0.726	drs	0.93	drs	1	–
锦州	0.686	drs	0.82	drs	1	–	1	–	1	–
营口	0.875	drs	0.99	drs	1	–	0.908	drs	1	–
阜新	0.854	drs	1	–	0.794	drs	1	–	1	–
辽阳	0.396	drs	0.53	drs	0.457	drs	0.765	irs	0.716	drs
盘锦	1	–	1	–	0.896	drs	1	–	1	–
铁岭	1	–	1	–	1	–	1	–	1	–

续表

	2003年		2005年		2007年		2009年		2012年	
	Crs	Sr	Crs	Sr	Crs	Sr	Crs	Sr	Crs	Sr
朝阳	1	—	0.866	irs	0.773	drs	1	—	1	—
葫芦岛	0.708	drs	1	—	0.812	drs	1	—	0.877	drs
长春	1	—	1	—	1	—	1	—	1	—
吉林	0.414	drs	0.583	drs	0.751	drs	0.688	drs	0.774	drs
四平	1	—	1	—	1	—	1	—	0.873	irs
辽源	1	—	1	—	1	—	1	—	1	—
通化	0.381	drs	0.818	drs	1	—	1	—	1	—
白山	0.8	drs	1	—	1	—	1	—	1	—
松原	1	—	1	—	1	—	1	—	1	—
白城	1	—	1	—	1	—	1	—	1	—
哈尔滨	1	—	1	—	0.978		1	—	1	—
齐齐哈尔	0.602	drs	0.446	irs	0.605	irs	1	—	1	—
鸡西	1	—	1	—	0.403	irs	0.483	irs	0.691	irs
鹤岗	0.332	irs	0.696	irs	0.46	irs	0.444	irs	0.577	irs
双鸭山	1	—	1	—	0.564	drs	0.618	irs	1	—
大庆	1	—	1	—	1	—	1	—	1	—
伊春	1	—	1	—	0.897	drs	1	—	1	—
佳木斯	0.591	irs	1	—	1	—	1	—	1	—
七台河	1	—	1	—	0.714	drs	0.768	irs	1	—
牡丹江	0.474	drs	0.484	drs	0.553	drs	0.448	irs	0.721	irs
黑河	1	—	1	—	1	—	1	—	1	—
绥化	1	—	1	—	1	—	1	—	1	—
东北平均	0.811		0.888		0.84		0.899		0.929	

第四章 东北地区城市化与生态环境耦合格局分析

表 4-5 东北地区 34 个城市的异化效率分析

	2003 年		2005 年		2007 年		2009 年		2012 年	
	Crs	Sr	Crs	Sr	Crs	Sr	Crs	Sr	Crs	Sr
沈阳	0.177	irs	0.188	irs	0.192	irs	0.719	irs	0.518	drs
大连	0.172	irs	0.192	irs	0.185	drs	0.528	irs	0.311	irs
鞍山	0.102	irs	0.095	irs	0.201	irs	0.439	irs	0.448	irs
抚顺	0.061	irs	0.09	irs	0.331	drs	0.509	irs	0.544	irs
本溪	0.141	irs	0.042	irs	0.381	drs	0.312	irs	0.33	irs
丹东	0.198	irs	0.242	irs	0.519	irs	0.825	irs	0.563	irs
锦州	0.123	irs	0.113	irs	0.227	irs	0.629	irs	0.653	irs
营口	0.192	irs	0.139	irs	0.195	irs	0.459	irs	0.521	irs
阜新	0.207	irs	0.149	irs	0.535	drs	0.951	drs	0.63	irs
辽阳	0.146	irs	0.149	irs	0.219	drs	0.463	irs	0.305	irs
盘锦	0.119	irs	0.105	irs	0.191	drs	0.471	–	0.495	drs
铁岭	0.292	irs	0.296	irs	0.286	irs	0.496	irs	0.614	drs
朝阳	0.25	irs	0.26	irs	0.622	drs	1	–	1	–
葫芦岛	0.528	irs	0.472	irs	0.659	drs	1	–	1	–
长春	0.291	irs	0.268	irs	0.348	drs	0.561	irs	0.411	drs
吉林	0.336	irs	0.367	irs	0.347	irs	0.618	irs	0.624	irs
四平	0.386	irs	0.185	irs	1	–	1	–	0.803	irs
辽源	0.325	irs	0.114	irs	0.357	drs	0.73	drs	0.711	irs
通化	0.301	irs	0.337	irs	0.782	irs	0.634	drs	0.616	irs
白山	0.716	irs	0.603	irs	0.903	irs	0.778	–	1	–
松原	1	–	0.46	irs	0.78	irs	0.951	drs	0.797	drs
白城	0.667	irs	0.755	irs	1	–	1	–	1	–
哈尔滨	0.132	irs	0.263	irs	1	–	1	–	0.739	drs
齐齐哈尔	0.474	irs	0.538	irs	1	–	1	–	1	–
鸡西	0.581	irs	0.603	irs	1	–	1	–	1	–
鹤岗	0.847	irs	0.988	irs	0.792	irs	1	–	1	–
双鸭山	0.757	irs	0.54	irs	0.729	drs	0.968	drs	0.396	irs

续表

	2003年		2005年		2007年		2009年		2012年	
	Crs	Sr	Crs	Sr	Crs	Sr	Crs	Sr	Crs	Sr
大庆	0.232	irs	0.339	irs	0.186	irs	0.369	irs	0.286	irs
伊春	1	-	1	-	1	-	1	-	1	-
佳木斯	0.39	irs	0.448	irs	1		1		1	
七台河	0.514	irs	0.351	irs	0.608	irs	0.578	irs	0.772	irs
牡丹江	0.261	irs	0.347	irs	0.516	irs	0.746	irs	0.792	drs
黑河	1	-	1	-	1	-	1	-	1	-
绥化	1	-	1	-	1	-	1	-	1	-
东北平均	0.409		0.383		0.591		0.757		0.702	

（一）城市同化效率分析

由表4-4可知，2003~2012年的5个时间断面内，东北地区城市同化效率综合效率达到最优城市数量占比分别为55.88%、67.65%、52.94%、67.65%和73.53%，呈现波动性增加的趋势；东北地区整体的城市同化效率呈现增加态势，2012年达到0.929，接近城市化最优效应，反映了东北地区城市化水平的高质量走向。2007年城市同化效率达到最优效果城市数量最少，其中辽宁最优城市数量较往年变化不大，吉林出现城市最优数量增加的情况，黑龙江最优城市数量为历年最低值，仅哈尔滨、大庆、佳木斯、黑河和绥化达到城市同化效率最优。2012年城市同化效率达到最优城市数量最多，表明2012年东北地区大多数城市实现了资源环境要素的合理配置，实现了规模集聚效应，城市化效果良好。

处在DEA非有效性的城市分为规模报酬递减（drs）城市和规模报酬递增（irs）城市两类。其中，2007年规模报酬递减（drs）城市达到13个之多，为历年之最，占城市总数的38.24%，这些城市出现投入冗余，综合效率未达到最优效果。其他四个年份规模报酬递减城市数量占比分别为35.30%、23.53%、11.76%、11.76%。在规模报酬递减城市出现最多的2007

第四章 东北地区城市化与生态环境耦合格局分析

年,抚顺、盘锦、阜新、辽阳、葫芦岛、吉林、伊春、七台河、双鸭山等资源枯竭型城市数量占一半以上,与东北地区发展实际情况相符,即随着资源枯竭,资源型城市出现一系列城市问题,甚至出现城市人口下降等现象,同比条件资源环境要素明显过剩。此外,个别地方行政中心和交通枢纽城市表现出投入冗余现象。规模报酬递增(irs)城市数量占比在2003~2012年的5个时间断面内分别为8.82%、8.82%、8.82%、20.59%和14.71%,其中,2009年规模报酬递增城市数量最多,本溪、辽阳、双鸭山和七台河转变为规模报酬递增型城市。规模报酬递增城市中以资源型城市和传统工业城市为主,这些城市在东北地区振兴规划出台以后仍普遍处于规模投入不足的状态,反映了这类城市在东北振兴规划出台以来出现普遍的扭转,由投入过剩向投入不足转变,城市发展建设向好迹象明显。

(二)城市异化效率分析

需要注意的是,城市异化效率表征城市化投入与生态环境产出之间的效率,是城市化向生态环境释放物质的过程,追求环境有害物质排放的最小化,与城市同化效率表征恰好相反。在DEA评价过程中,若综合效率达到最优,即城市化与生态环境达到最佳协调状态,城市化产生废物量与生态环境容纳水平持平;若城市表现出规模报酬递增(irs)状态,反映城市化投入产生废物尚未达到生态环境容量,随着城市化投入废物量可继续增加;若城市表现为规模报酬递减(drs)状态,反映城市化投入产生冗余,已经超过生态环境容量。

由表4-5可知,2003~2012年的5个时间断面内,东北地区城市异化效率综合效率达到最优城市数量占比分别为11.76%、8.82%、26.47%、41.18%和32.35%,呈现波动性增加态势,逼近城市环境阈值城市数量不断增加,反映了当前东北地区城市化投入达到生态环境容量的城市数量呈现增加趋势。值得注意的是,异化效率达到最优的城市数量明显少于同化效率最优城市数量,城市异化效率最优的城市中,黑龙江的城市所占比例偏高,吉林与辽宁大体相当。城市异化效率最优的城市中，包含了资源型城市以及部分生态环境较为脆弱的城市，诸如伊春、白城等。处于 DEA 非有效的城市中，规模报酬递增（irs）城市比例最大，各年份占比分别为 88.24%、91.18%、38.24%、44.12%、44.12%，呈现逐年下降的态势；规模报酬递减（drs）城市在 2007 年开始出现并呈现峰值，随后逐年下降，所占比例分别为 35.29%、14.70%、23.53%。此外，规模报酬递减型城市中包含了资源枯竭型城市和诸如沈阳、大连、长春和哈尔滨这样的大都市，这些城市的城市化投入要素出现冗余，超出生态环境的容量范围，增加环境压力。值得注意的是，2003~2012 年，东北地区城市的异化效率年际变化较大，规模报酬效应也出现跃迁变化，基本呈现规模报酬递增→规模报酬最优→规模报酬递减的变化规律，反映了东北地区各城市城市化与生态环境整体良好，环境容量空间较大向生态环境容量逐年下降的态势转变，且与东北地区城市整体情况保持一致。

总体来看，东北地区城市同化效率显示逐年增加的态势，城市同化效率最优城市数量波动性增加；东北地区城市异化效率呈现类倒"U"形变化态势，城市异化效率最优城市数量亦呈现相同的增长态势，规模报酬递增型城市数量大幅下降，而规模报酬递减型城市数量开始增加。因此，东北地区城市同化效率效果呈现向优发展态势，表明生态环境投入不断促进城市化良性发展；异化效率效果呈现向差发展态势，表明城市化投入要素不断增加逼近生态环境容量临界。

三、城市健康诊断的引入与测度

（一）城市健康的内涵解读与评价方法

如前文所述，研究将城市视作生命有机体，其有与生命体类似的特征属性，其核心的运转特征即为新陈代谢。生物学根据不同的新陈代谢状态诊断生命体健康的状态：通常在生物学中，不同个体的不同阶段新陈代谢水平也存在差异，仅以成年个体而言，同化作用与异化作用大体相当时，个体处于

第四章　东北地区城市化与生态环境耦合格局分析

健康状态；当同化作用大于异化作用时则容易出现肥胖等显著个体特征，个体仍能正常运行，表现为亚健康状态；当同化作用小于异化作用时，则开始消耗个体体制，出现病态的不健康状态，甚至危及生命。在本书中，考虑东北地区城市发展的实际建设状况，将城市统一视为成年个体讨论。

借鉴相关研究成果[192]，结合表4-1有关城市效率的评价中城市化与生态环境协调耦合评价的判别，构建城市新陈代谢指数（Urban Metabolic Index，简称UMI指数），旨在通过衡量城市同化作用与城市异化作用相互关系，反映城市健康状态。新陈代谢指数表示各城市同化效率占地区同化效率的比重与各城市异化效率比值占地区异化效率的比值的比重。计算公式为：

$$UMI_i = \frac{Ae_i/(\sum_{i=1}^{n} Ae_i/n)}{De_i/(\sum_{i=1}^{n} De_i/n)} \quad (4-3)$$

式中，UMI_i 表示 i 城市新陈代谢指数，Ae_i 表示 i 城市的同化效率，De_i 表示 i 城市的异化效率。UMI_i 反映出城市同化效率对城市异化效率的主导程度，不同城市因其同化、异化效率关系的不同而反映出不同的城市健康水平，而城市化与生态环境呈现出不同的关系特征。考虑生命体因个体差异而存在代谢效率波动性[193]，将城市代谢指数等于1作为城市新陈代谢中同化作用与异化作用效力相同的绝对参考值，结合东北地区城市发展的实际差异，在城市新陈代谢绝对参考值1的基础上波动±25%为区间划定城市健康状态。当 UMI > 1.25 时，表明城市同化作用大于异化作用，城市代谢旺盛，处于健康状态，此时城市化与生态环境处于良好的耦合协调状态；当 UMI < 0.75 时，同化作用小于异化作用，城市代谢出现衰退，城市处于不健康状态，环境压力增大，生态环境与城市化不协调；当 1.25 ≥ UMI ≥ 0.75 时，同化作用与异化作用大体相当，城市代谢基本趋于平缓，既不影响城市运行，又未逼近环境容量阈值，城市处于亚健康状态。如表4-6所示。

表 4-6 城市健康状态评价标准

UMI 指数	城市代谢表征	城市健康状态	反映城市化与生态环境关系
UMI > 1.25	旺盛	健康	城市化与生态环境处于良好的耦合协调状态
1.25 ≥ UMI ≥ 0.75	平稳	亚健康	城市化与生态环境处于基本的耦合协调状态
UMI < 0.75	衰退	不健康	城市化与生态环境处于不协调的状态

(二) 城市健康的诊断

利用式 (4-3) 及已经计算得出的城市同化、异化效率的综合效率值，分别计算得出 2003~2012 年 5 个时间断面东北地区 34 个城市的新陈代谢指数，如表 4-7 所示。

表 4-7 东北地区 34 个城市的新陈代谢指数

城市＼年份	2003	2005	2007	2009	2012
沈阳	2.849	2.294	2.512	3.466	1.253
大连	2.932	2.246	2.460	3.598	1.707
鞍山	4.944	4.540	4.971	3.311	2.053
抚顺	4.845	2.976	3.075	1.249	1.282
本溪	1.223	4.590	3.846	0.781	1.297
丹东	1.386	1.593	1.062	1.146	0.793
锦州	2.813	3.130	2.867	2.404	1.433
营口	2.298	3.072	2.973	3.379	1.963
阜新	2.081	2.895	2.707	1.244	0.752
辽阳	1.368	1.534	1.255	1.611	0.890
盘锦	4.238	4.108	4.498	3.485	1.714
铁岭	1.727	1.457	1.595	2.327	1.817
朝阳	2.017	1.437	1.816	0.927	0.697
葫芦岛	0.676	0.914	0.708	1.010	0.732
长春	1.733	1.609	1.762	1.912	1.606
吉林	0.621	0.685	0.533	1.118	1.095

第四章 东北地区城市化与生态环境耦合格局分析

续表

年份 城市	2003	2005	2007	2009	2012
四平	1.307	2.331	2.553	0.666	0.901
辽源	1.552	3.783	4.143	1.864	1.235
通化	0.638	1.047	0.534	0.696	1.421
白山	0.563	0.715	0.627	0.737	1.158
松原	0.504	0.938	1.027	0.853	0.948
白城	0.756	0.571	0.626	0.666	0.901
哈尔滨	3.821	1.640	1.796	0.666	0.881
齐齐哈尔	0.641	0.358	0.528	0.297	0.545
鸡西	0.868	0.715	0.783	0.666	0.363
鹤岗	0.198	0.304	0.159	0.585	0.415
双鸭山	0.666	0.799	0.875	0.913	0.525
大庆	2.174	1.272	1.393	3.578	2.442
伊春	0.504	0.431	0.472	0.666	0.808
佳木斯	0.764	0.963	0.623	0.666	0.901
七台河	0.981	1.229	1.345	1.095	1.113
牡丹江	0.916	0.602	0.645	0.624	0.668
黑河	0.504	0.431	0.472	0.666	0.901
绥化	0.504	0.431	0.472	0.666	0.901

由表 4-7 分析发现：2003~2012 年，区域总体上表现为新陈代谢指数下降，城市健康状态呈现由以健康为主体向以亚健康为主体的转变，表明城市化与生态环境总体上处于基本协调的发展状态。东北地区 34 个城市的新陈代谢指数年际变化差异显著，按城市健康指数变化可分为倒"N"形、"⌒"形、"W"形 3 类下降型，"N"形、"⌣"形以及"M"形 3 类上升型。辽宁省各城市健康指数变化普遍为倒"N"形、"⌒"形下降型，但城市普遍处于健康状态、亚健康状态，与辽宁工业基础雄厚且临海的优越区位条件有关；仅

朝阳经历了由健康状态到不健康状态的转变，与其资源型城市特性及处于辽宁省西部区位有关。本溪、铁岭、葫芦岛处于上升状态，但葫芦岛始终徘徊在不健康状态的边缘，因其城市同化规模效益多数时期处于规模递减状态，城市建设投入要素过多而难以及时消化，导致城市处于不健康状态。吉林各城市健康指数变化以"N"形上升型为主，仅长春、四平、辽源处于下降状态，但仍然处于健康、亚健康状态。其他城市均处于由不健康状态向亚健康状态的上升转变，与城市同化作用不断加强，同化效率逐渐达到最优化有关，吉林表现最为突出，尤其自长吉一体化区域发展战略实施以来有较大改善；需警惕的是城市异化作用不断加强，不断逼近生态环境阈值，以松原、白山、白城等生态敏感区最为突出。黑龙江各城市健康指数呈现几乎全部的变化类型，除大庆仍处于健康状态外，其他城市均处于亚健康状态、不健康状态。除鸡西、鹤岗等资源型城市是因同化作用不足外，其他城市大多是因为城市异化作用不断加强，导致不断逼近生态环境阈值而造成健康状态下降。

将2003~2012年东北地区城市代谢指数进行空间可视化表达来反映城市健康水平。2003年，健康状态城市呈现以沿哈大交通轴和辽中南城市群集中分布为特征的空间格局，黑龙江和吉林大部分城市以亚健康状态和不健康状态为主；2005年的健康城市分布基本延续了2003年的空间格局，黑龙江和吉林的不健康状态城市数量明显增多；2007~2012年，健康城市空间布局逐渐缩小，转而以不健康城市和亚健康城市的空间格局分布更广泛，到2009年，黑龙江几乎全境处于不健康状态，不健康状态城市也达到数量最多，健康城市以辽中南城市群和吉林省个别城市的分布为主；2012年开始，东北地区城市开始以亚健康状态城市为主广泛分布，健康城市的格局基本保持不变。综合来看，从2003年到2012年，健康城市由沿哈大交通线集聚向辽中南城市群集聚转移，到2012年健康城市仅集中在辽中南城市群及吉林、黑龙江的个别城市，亚健康城市成为东北地区城市健康的主体。辽中南城市群仍然是东北地区健康水平最高的区域，吉林、黑龙江两省健康状态不佳，表

第四章 东北地区城市化与生态环境耦合格局分析

明东北地区城市健康水平由相对高水平的健康均衡进入到相对低水平的亚健康状态均衡中，反映了城市化与生态环境相互作用已经进入到相对协调的空间格局状态。

四、城市新陈代谢及健康状态的空间格局特征

（一）东北地区城市同化效率与异化效率呈现逆向发展态势，多数城市趋向良性发展而其生态环境不断逼近容量阈值

东北地区城市同化效率呈逐年增加的态势，城市同化效率最优城市数量波动性增加；呈现出向优发展态势。东北地区城市异化效率呈现类倒"U"形变化态势，城市异化效率最优城市数量亦呈现相同的增长态势，城市化投入要素不断增加致使排泄废物逼近生态环境容量阈值。东北地区城市在近百年得以快速发展的同时，给环境带来越来越大的压力。这与东北地区的重工业化产业结构、资源型经济发展模式有关，在资源开发与工业发展带动城市化的同时，带来大量的废弃物排放，增加了环境的负担。此外，伴随近些年城市的迅速发展，沈阳、大连、长春、哈尔滨等大都市及处于生态敏感区域的城市规模不断扩展，导致其对生态环境压力不断增加，逼近生态环境容量阈值。

（二）东北地区城市健康状态大体呈现由健康向亚健康转变

2003~2012年，健康城市数量占比由50%下降到35.29%；亚健康城市数量占比由14.71%上升到44.12%；不健康城市数量占比由35.29%下降到20.59%。由2003年的健康城市占绝对优势转变为2012年的亚健康城市占主导优势，同时不健康城市数量也有所下降，其得益于吉林、黑龙江两省城市健康状态发生由不健康状态向亚健康状态的跃迁，辽宁的城市普遍处于健康状态。这反映了东北振兴政策的实施对城市健康有一定裨益，尤其是城市化建设方面，成效显著，但资源型城市转型发展任重道远。总体而言，东北地区健康格局呈现出以亚健康为主的基本格局，城市化与生态环境的作用也呈

现出了基本协调的发展格局。

(三) 城市健康水平"群"空间分布特征越发显著

从空间格局来看，呈现出健康城市聚集在辽中南城市群的分布特征，逐渐摆脱了沿哈大交通轴线布局的特征，契合了国家以城市群为未来发展重要载体的战略。辽中南城市群是我国处于成熟阶段的城市群，其已形成了等级规模完善、职能结构合理的相互联系的城市群组，其健康状态明显优于尚不成体系的黑龙江、吉林两省城市，未来壮大尚处于培育阶段的哈长城市群是提升东北地区城市健康状态的重要途径。

第三节 基于脱钩模型的城市化与生态环境耦合格局实证

一、研究模型

基于以往有关城市化与生态环境研究中脱钩模型应用缺失的实际，本书利用脱钩模型对城市化与生态环境的耦合关系进行测度与描述。脱钩模型（弹性指数）的应用前提是需要测度城市化和生态环境的综合发展状况，因而借助表4-3的指标评价体系，沿用前文第三章中涉及城市化指数与生态环境指数的模型，并做适当修正。

(一) 城市化指数

城市化指数（Urbanization Index），其值越高表明城市的城市化发展水平、质量越高，反之则表明城市化水平、质量越低。本书认为各项目对城市化的作用价值是相同的，且为便于计算，将上述指标分别按照均等权重处理[194]。具体模型如下：

第四章 东北地区城市化与生态环境耦合格局分析

$$UI = \frac{1}{4}(UPI + USSI + UEI + USI) \tag{4-4}$$

$$UPI = \frac{1}{n}(\sum_{j=1}^{n} UPI_{ij}'); \quad USSI = \frac{1}{n}(\sum_{j=1}^{n} USSI_{ij}')$$

$$UEI = \frac{1}{n}(\sum_{j=1}^{n} UEI_{ij}'); \quad USI = \frac{1}{n}(\sum_{j=1}^{n} USI_{ij}') \tag{4-5}$$

式中,UPI、USSI、UEI、USI 分别表示人口城市化、空间城市化、经济城市化和社会城市化;UPI_{ij}'、$USSI_{ij}'$、UEI_{ij}'、USI_{ij}'分别表示人口城市化、空间城市化、经济城市化和社会城市化的标准化值,n 为指标个数。

(二) 生态环境压力指数

生态环境压力指数(Eco-environmental Pressure Index)反映城市发展过程中区域资源环境的支撑状态及其对环境的压力状态,其值越高表明城市化发展对生态环境的压力越大,反之则越小。由于地级市数据连续性差导致环境响应指标的数据缺失严重而无法正常使用,所以本书中的生态环境压力指数包含资源支撑指数(Resources Supporting Index)、生态保障指数(Ecological Security Index)和环境压力指数(Environment Pressure Index)3个分指数,其具体意义与前文一致。本书认为所有指标对生态环境的作用力是一致的,故所有指标均按等权重处理,具体模型如下:

$$EEPI = \frac{1}{3}(RSI + ESI + EPI) \tag{4-6}$$

$$RSI = \frac{1}{n}(\sum_{j=1}^{n} RS_{ij}'); \quad ESI = \frac{1}{n}(\sum_{j=1}^{n} ES_{ij}'); \quad EPI = \frac{1}{n}(\sum_{j=1}^{n} EP_{ij}');$$

$$(i = 1, 2, 3, \cdots, m; j = 1, 2, 3, \cdots, n) \tag{4-7}$$

式中,EEPI 为生态环境压力指数;RSI 为资源支撑指数;ESI 为生态保障指数;EPI 为环境压力指数;RS_{ij}'、ES_{ij}'和 EP_{ij}'分别表示第 i 个城市第 j 类资源支撑、生态保障和环境压力评价数据经标准化处理以后的值。

二、研究结果与分析

(一) 城市化综合发展特征分析

运用式（4-4）、式（4-5）计算 2003~2012 年东北地区地级以上城市的城市化综合指数，得出其城市化特征。如表 4-8、图 4-2 所示。

表 4-8　2003~2012 年东北地区地级以上城市的城市化综合指数

城市＼年份	2003	2005	2007	2009	2012
沈阳	0.611	0.680	0.735	0.695	0.644
大连	0.711	0.762	0.822	0.792	0.767
鞍山	0.583	0.605	0.675	0.611	0.557
抚顺	0.521	0.540	0.586	0.555	0.542
本溪	0.528	0.553	0.604	0.559	0.555
丹东	0.493	0.514	0.564	0.520	0.534
锦州	0.521	0.519	0.560	0.520	0.520
营口	0.494	0.573	0.659	0.634	0.590
阜新	0.461	0.473	0.542	0.487	0.505
辽阳	0.547	0.553	0.654	0.583	0.537
盘锦	0.705	0.672	0.726	0.671	0.597
铁岭	0.486	0.508	0.654	0.642	0.529
朝阳	0.488	0.457	0.495	0.471	0.462
葫芦岛	0.457	0.463	0.516	0.444	0.446
长春	0.615	0.633	0.593	0.669	0.638
吉林	0.607	0.578	0.565	0.601	0.576
四平	0.482	0.468	0.427	0.491	0.476
辽源	0.506	0.533	0.570	0.609	0.542
通化	0.506	0.554	0.447	0.565	0.524
白山	0.423	0.485	0.528	0.468	0.438
松原	0.488	0.551	0.484	0.593	0.541
白城	0.424	0.321	0.298	0.366	0.363

第四章 东北地区城市化与生态环境耦合格局分析

续表

年份 城市	2003	2005	2007	2009	2012
哈尔滨	0.619	0.585	0.451	0.569	0.578
齐齐哈尔	0.474	0.416	0.420	0.444	0.501
鸡西	0.393	0.414	0.417	0.454	0.449
鹤岗	0.397	0.395	0.433	0.431	0.440
双鸭山	0.462	0.498	0.454	0.489	0.591
大庆	0.857	0.884	0.772	0.888	0.839
伊春	0.220	0.258	0.259	0.244	0.227
佳木斯	0.438	0.442	0.400	0.437	0.468
七台河	0.535	0.571	0.488	0.501	0.462
牡丹江	0.539	0.511	0.466	0.529	0.486
黑河	0.349	0.406	0.377	0.403	0.340
绥化	0.247	0.236	0.293	0.369	0.293
东北平均	0.478	0.489	0.498	0.509	0.488

从时间序列变化来看：东北地区地级以上城市的城市化综合指数整体呈现倒"U"形下降态势，2003~2012 年城市化综合水平基本持平，2009 年达到城市化发展的高潮；34 个地级以上城市的城市化综合指数呈现显著的差异化特征，并可以分为波动性下降型、波动性上升型和倒"U"形三类。波动性下降型城市包括吉林、白城、哈尔滨和牡丹江，这些城市在近 10 年来城市化综合指数下降明显，表明其城市化发展质量下降。波动性上升型城市包括鹤岗和双鸭山，表明二者在近 10 年内城市化取得了较好的发展，得益于这两座资源型城市的转型发展及其城市化综合指数本身较低。但是，二者城市化综合指数提升的内在机理又有所不同，其中鹤岗主要在于经济城市化和人口城市化的小幅上涨；双鸭山则由于空间城市化的效果明显，其基础设施建设完善和城镇规模的扩大为城市化发展提供了可能性。东北地区地级以上城市的城市化发展大都呈现出倒"U"形发展特征，占东北地区城市总数的

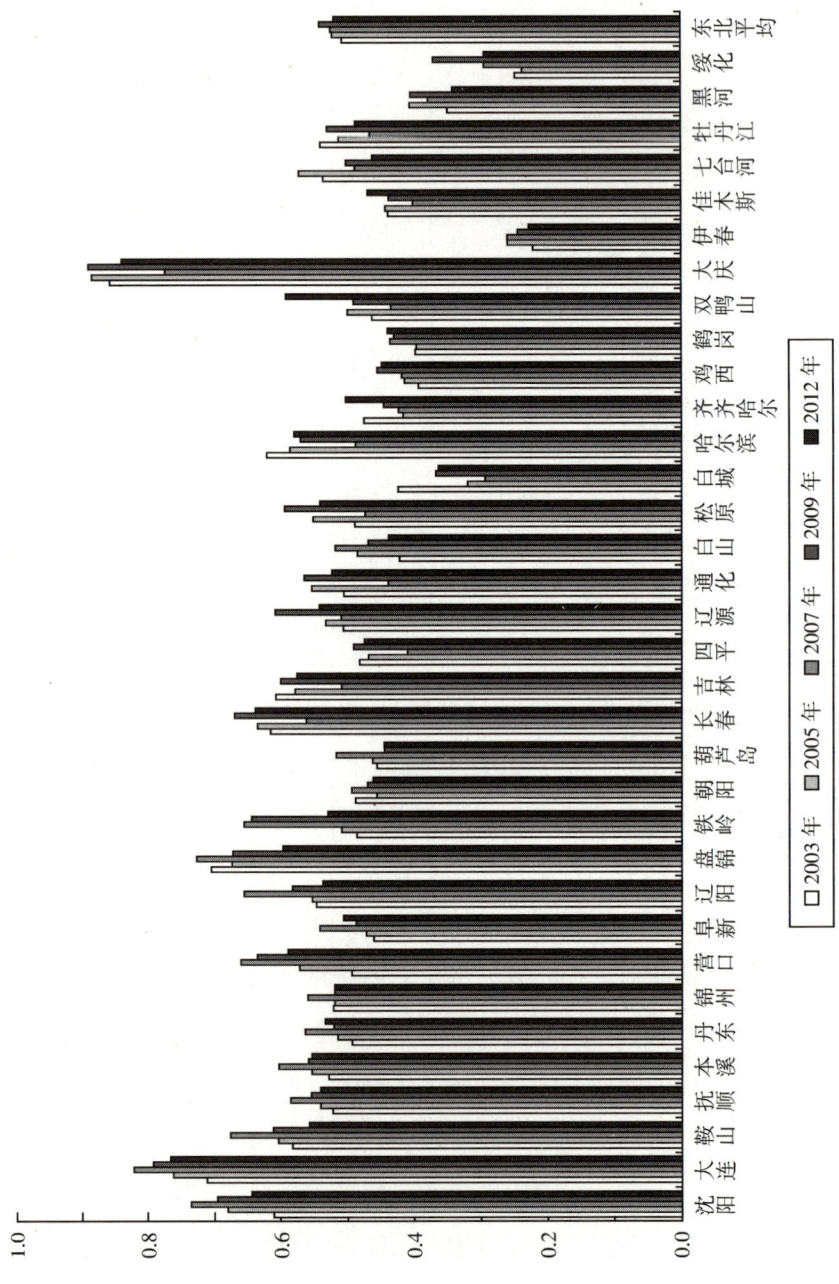

图 4-2 2003~2012 年东北地区城市的城市化指数

第四章 东北地区城市化与生态环境耦合格局分析

82.35%。其中，辽宁除铁岭、朝阳的城市化综合指数最大值出现在2011年之外，其他城市的峰值均出现在2007年，随后呈现下降态势，与辽宁在2003年以来认真贯彻落实"关于东北振兴的若干意见"比较彻底有直接关系，也表明振兴规划所起到的作用在不断减弱。吉林、黑龙江的城市化综合指数峰值出现无特定规律。这也契合了当前的发展实际，东北地区经济下行态势明显，以投资拉动为主体的城市发展模式作用力减弱，相关的建设活动步伐放缓，面临产业结构调整等多方面巨大的压力。

从空间分布格局来看：东北地区城市化综合指数的空间格局呈现低水平均衡→高水平集聚→较高水平集聚的特征。2003年，城市化综合指数较高的城市集中分布在沈阳、大连、鞍山、长春、吉林、哈尔滨、大庆等传统核心城市，低水平城市化综合指数城市分布广泛；2007年，城市化综合指数高值区域以辽中南城市群集中连片分布为主，且与长春、吉林、大庆等高值城市零星分布相结合；2012年，城市化综合指数高值集中分布的特征仍较明显，体现为以辽中南部城市的集聚为主，但集聚强度下降，高水平的城市数量减少，而北部哈尔滨、长春、吉林、大庆等高值特征城市格局特征不变。辽宁城市化整体指数普遍较高，吉林次之，黑龙江最低。这与东北地区生产力布局表现出明显的继承性相关，辽宁拥有雄厚的工业基础和良好的区位优势；相比较而言，黑龙江和吉林承担国家粮食安全和生态安全保障的战略任务，限制了城镇的快速发展和产业结构调整促进城市发展。此外，地缘政治因素和气候因素也是造成东北延边城市化综合水平较低的原因。

（二）生态环境发展特征分析

运用式（4-6）、式（4-7）计算2003~2012年东北地区城市的生态环境压力指数，得出其生态环境发展的格局特征。如表4-9、图4-3所示。

表 4-9 2003~2012 年东北地区地级以上城市的生态环境压力指数

城市\年份	2003	2005	2007	2009	2012
沈阳	0.589	0.608	0.618	0.561	0.647
大连	0.513	0.527	0.601	0.552	0.595
鞍山	0.513	0.571	0.608	0.533	0.509
抚顺	0.366	0.483	0.449	0.487	0.565
本溪	0.401	0.363	0.567	0.411	0.479
丹东	0.488	0.497	0.561	0.476	0.464
锦州	0.480	0.484	0.518	0.439	0.546
营口	0.516	0.480	0.515	0.421	0.559
阜新	0.556	0.483	0.399	0.452	0.403
辽阳	0.498	0.534	0.626	0.553	0.395
盘锦	0.601	0.604	0.690	0.597	0.624
铁岭	0.339	0.342	0.467	0.511	0.594
朝阳	0.474	0.446	0.519	0.409	0.510
葫芦岛	0.523	0.493	0.503	0.515	0.553
长春	0.594	0.595	0.570	0.555	0.610
吉林	0.622	0.519	0.451	0.503	0.593
四平	0.495	0.464	0.445	0.532	0.579
辽源	0.460	0.464	0.438	0.499	0.591
通化	0.517	0.464	0.373	0.373	0.381
白山	0.343	0.300	0.224	0.291	0.522
松原	0.592	0.639	0.493	0.570	0.612
白城	0.589	0.480	0.500	0.486	0.542
哈尔滨	0.571	0.554	0.563	0.591	0.598
齐齐哈尔	0.475	0.583	0.483	0.552	0.546
鸡西	0.458	0.467	0.487	0.519	0.460
鹤岗	0.338	0.457	0.333	0.358	0.406
双鸭山	0.485	0.467	0.399	0.444	0.482
大庆	0.617	0.629	0.559	0.604	0.716

第四章　东北地区城市化与生态环境耦合格局分析

续表

年份 城市	2003	2005	2007	2009	2012
伊春	0.434	0.451	0.438	0.384	0.519
佳木斯	0.362	0.458	0.432	0.489	0.626
七台河	0.309	0.304	0.336	0.336	0.429
牡丹江	0.465	0.598	0.491	0.634	0.653
黑河	0.480	0.543	0.491	0.484	0.526
绥化	0.563	0.562	0.574	0.559	0.565
东北平均	0.462	0.470	0.464	0.463	0.511

从时间变化看，东北地区城市整体的环境发展呈现出逐年增加的特征，34个地级市的生态环境压力指数呈现显著的差异化特征，且依据变化特征可以分为类"U"形、波动式上升型和倒"U"形三类。其中，类"U"形城市占总数的14.70%，包括阜新、吉林、通化、白城、双鸭山5个城市，为资源型城市和生态敏感型城市，这些城市的生态环境压力指数谷值出现在2007年左右，随后其生态环境压力指数有所提升，反映了在东北振兴后期该类城市的生态环境压力有所回升；波动式上升型城市占总数的47.06%，包括沈阳、长春、哈尔滨、大庆等在内的16个城市，生态环境压力不断加大；倒"U"形城市数量占全部城市数量的38.24%，包括大连、鞍山等城市在内，且研究期末年生态环境压力指数水平普遍高于研究初期。

从空间分布格局来看，生态环境压力指数经历了高水平集聚→低水平均衡→较高水平均衡的空间演变特征。2003年，生态环境压力指数高值区域呈现以吉林长春、黑龙江哈尔滨等城市为中心城市的"群"式集聚分布特征，辽宁中南部城市高值区域亦呈现集中分布特征，整体以高值区域集中分布为主；2007年，吉林、黑龙江有较多城市退出生态环境压力指数高值区域，辽宁中南部高值集聚分布显著；2012年，以较高水平均衡为主，辽吉黑三省生

城市化与生态环境耦合过程、格局与机理研究——以东北地区为例

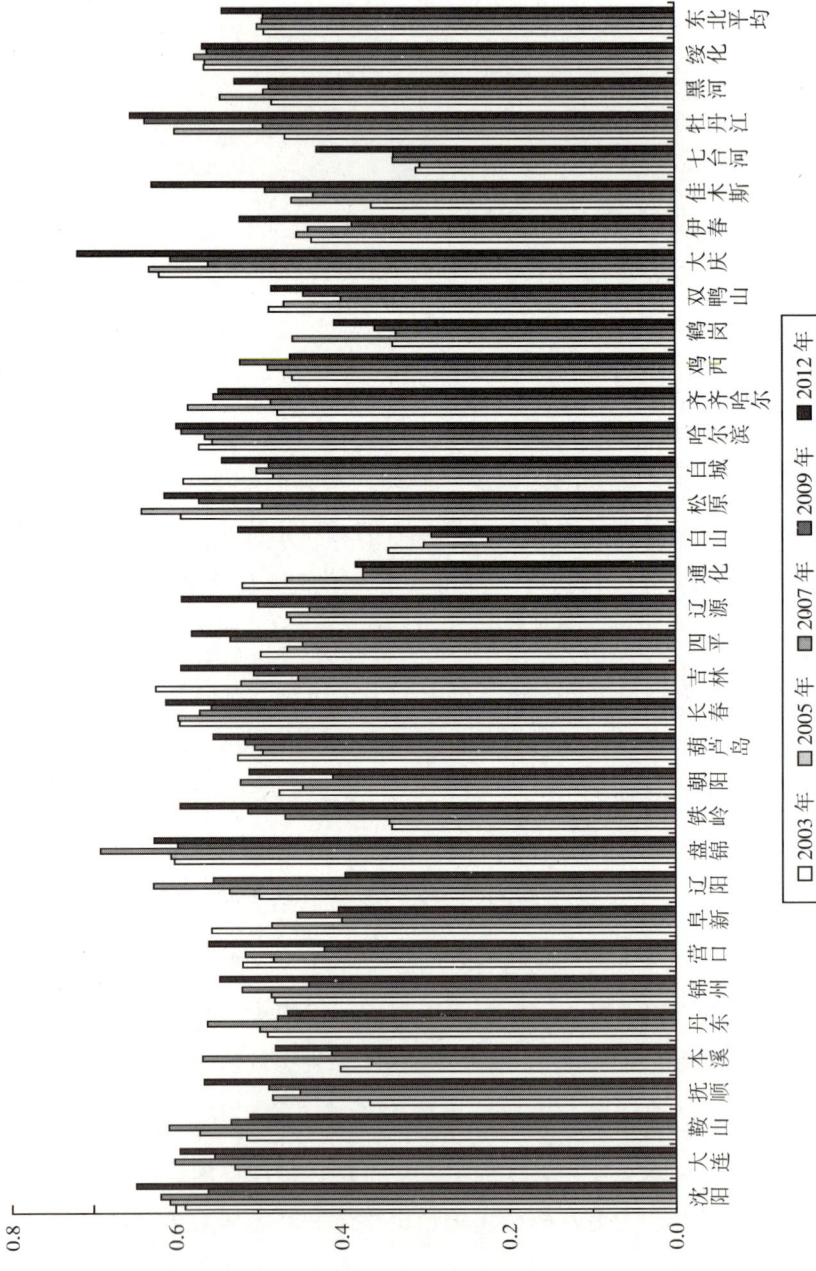

图 4-3 2003~2012 年东北地区城市的生态环境压力指数

第四章 东北地区城市化与生态环境耦合格局分析

态环境压力指数较高水平城市连片布局，呈现较高水平的均衡布局。整体来看，生态环境压力指数较高的城市主要布局在松辽平原上，且沿哈大线、滨州—滨绥线贯穿的"T"形城市发展走廊，与东北地区传统的城市化高值区域分布相契合。东北地区的北部、西部、南部沿边城市的生态环境压力指数明显较小。这些地域中，一类属于生态敏感区域或者高寒地区，其资源环境承载力限制城市发展；另一类属于地缘政治敏感区域，城市开发作用不明显，生态环境压力也不大。

三、脱钩状态判断

以《东北地区振兴规划》实施年为节点，将研究期 2003~2012 年划分为 2003~2007 年（T_1）、2008~2012 年（T_2）两个时期，分别表示东北振兴规划的前期和后期，并开展基于这两个时期的脱钩状态分析。如表 4-10 所示。

表 4-10　东北地区地级市城市化与生态环境压力的脱钩程度

	T_1（2003~2007 年）				T_2（2008~2012 年）			
	ΔUI	ΔEEPI	ES	状态	ΔUI	ΔEEPI	ES	状态
沈阳	0.203	0.049	0.240	弱脱钩	-0.053	0.051	-0.962	强负脱钩
大连	0.155	0.171	1.104	扩张性连接	-0.009	-0.028	3.295	衰退性脱钩
鞍山	0.158	0.185	1.167	扩张性连接	-0.088	-0.150	1.706	衰退性脱钩
抚顺	0.123	0.228	1.854	扩张性负脱钩	0.035	0.118	3.386	扩张性负脱钩
本溪	0.142	0.412	2.892	扩张性负脱钩	0.060	0.243	4.023	扩张性负脱钩
丹东	0.144	0.148	1.033	扩张性连接	0.040	-0.098	-2.424	强脱钩
锦州	0.075	0.079	1.046	扩张性连接	0.014	0.077	5.603	扩张性负脱钩
营口	0.332	-0.002	-0.007	强脱钩	0.005	0.188	35.496	扩张性负脱钩
阜新	0.175	-0.283	-1.617	强脱钩	0.065	-0.227	-3.514	强脱钩
辽阳	0.194	0.259	1.334	扩张性负脱钩	-0.042	-0.328	7.812	衰退性脱钩
盘锦	0.030	0.149	4.966	扩张性负脱钩	-0.080	-0.031	0.390	弱负脱钩
铁岭	0.346	0.378	1.092	扩张性连接	-0.152	0.105	-0.696	强负脱钩
朝阳	0.014	0.095	6.800	扩张性负脱钩	0.044	-0.001	-0.019	强脱钩

续表

	T_1（2003~2007 年）				T_2（2008~2012 年）			
	ΔUI	ΔEEPI	ES	状态	ΔUI	ΔEEPI	ES	状态
葫芦岛	0.130	-0.037	-0.287	强脱钩	-0.009	0.007	-0.698	强负脱钩
长春	-0.085	-0.040	0.471	弱负脱钩	-0.044	-0.047	1.060	衰退性连接
吉林	-0.164	-0.275	1.672	衰退性脱钩	-0.003	0.070	-21.072	强负脱钩
四平	-0.150	-0.100	0.666	弱负脱钩	-0.006	0.066	-12.026	强负脱钩
辽源	0.008	-0.049	-6.439	强脱钩	-0.064	0.118	-1.845	强负脱钩
通化	-0.132	-0.279	2.116	衰退性脱钩	-0.022	-0.243	11.215	衰退性脱钩
白山	0.225	-0.346	-1.537	强脱钩	-0.216	0.827	-3.822	强负脱钩
松原	-0.031	-0.167	5.366	衰退性脱钩	-0.064	-0.007	0.115	弱负脱钩
白城	-0.311	-0.150	0.483	弱负脱钩	0.014	-0.014	-0.964	强脱钩
哈尔滨	-0.214	-0.013	0.061	弱负脱钩	0.080	-0.025	-0.316	强脱钩
齐齐哈尔	-0.106	0.017	-0.162	强负脱钩	0.071	-0.004	-0.052	强脱钩
鸡西	0.063	0.063	1.001	扩张性连接	0.075	-0.145	-1.926	强脱钩
鹤岗	0.095	-0.014	-0.146	强脱钩	0.062	0.032	0.516	弱脱钩
双鸭山	-0.060	-0.177	2.955	衰退性脱钩	0.293	-0.017	-0.057	强脱钩
大庆	-0.099	-0.094	0.946	衰退性连接	0.001	0.113	114.513	扩张性负脱钩
伊春	0.174	0.010	0.057	弱脱钩	0.084	-0.013	-0.154	强脱钩
佳木斯	-0.086	0.192	-2.238	强负脱钩	0.080	0.260	3.269	扩张性负脱钩
七台河	-0.087	0.087	-1.002	强负脱钩	-0.017	0.058	-3.427	强负脱钩
牡丹江	-0.136	0.056	-0.408	强负脱钩	-0.035	-0.118	3.342	衰退性脱钩
黑河	0.081	0.022	0.272	弱脱钩	-0.145	-0.116	0.801	衰退性连接
绥化	0.190	0.019	0.099	弱脱钩	-0.037	-0.045	1.235	衰退性脱钩

（一）脱钩状态分析

T_1时期内，包括沈阳、营口、吉林在内的14个城市处于脱钩状态，占全部数量的41.18%，其城市化水平提升对生态环境压力的作用呈减弱之势；包括哈尔滨、齐齐哈尔和长春等城市在内的13个城市处于负脱钩状态，占全部城市数量的38.24%，这些城市的城市发展对生态环境的压力比较大；

第四章 东北地区城市化与生态环境耦合格局分析

处于连接状态的城市有 7 个，占全部城市数量的 20.58%，其中 6 个为扩张性连接，1 个为衰退性连接。这反映出东北振兴前期处于脱钩状态城市数量占比最大，东北地区以脱钩状态城市为主体，即城市化对生态环境的压力呈不断减弱之势，也侧面反映了东北振兴前期东北经济发展低迷，城市化对生态环境压力较小。T_2 时期内，处于脱钩状态的城市数量达到 16 个，占城市总数量的 47.06%。处于负脱钩状态的城市有 16 个，数量占比达到 47.06%。仅长春与黑河处于衰退性连接状态，占比 5.88%。这反映出到东北振兴后期，处于连接状态的城市数量锐减，处于负脱钩状态城市数量与脱钩状态的城市数量相当，促使城市化对生态环境的压力走向两个极端。

脱钩状态表达了城市化不断发展对生态环境产生压力作用不显著的特征，负脱钩则表达了城市化不断发展与生态环境压力直接相关。在很大程度上，脱钩状态城市的城市化发展与生态环境之间关系更为协调，负脱钩状态城市的城市化发展与生态环境之间关系则表现为不协调。因此，2003~2012 年东北地区的城市化与生态环境脱钩状态由以负脱钩状态和连接状态为主，向脱钩状态与负脱钩状态齐头并进转变。这表明城市化发展对生态环境的作用开始向基本协调的状态迈进。

（二）脱钩状态转变特征

由表 4-10 可知，东北地区城市脱钩状态变迁明显，东北地区大部分城市的城市化与生态环境的脱钩关系出现反复，由脱钩到负脱钩，由耦合（负脱钩）到脱钩。研究期内，仅阜新、伊春、鹤岗、绥化、通化、双鸭山始终处于脱钩状态，其中阜新、伊春和鹤岗均表现出强脱钩、弱脱钩状态；有 6 座城市由负脱钩状态转变为脱钩状态。七台河、佳木斯、抚顺、本溪、盘锦和四平始终呈现负脱钩状态，其中七台河一直处于强负脱钩状态；有 7 座城市由脱钩状态转变为负脱钩状态。由连接状态转变为负脱钩状态的城市有 3 座，分别为铁岭、锦州和大庆；转变为脱钩状态的有 4 座，分别为丹东、鸡西、大连、鞍山。资源型城市的经济发展对城市环境具有阶段性特征，其开发的成长、成熟和衰退阶段环境质量在逐步恶化。大庆的城市化对生态环境脱钩状态呈现由连接状态向负脱钩状态转变，符合其进入资源开发成熟期的发展特征。以哈尔滨、长春、大连和沈阳为首的大都市，由于其以固定资产投资为特征的城市化模式决定了其发展随固定资产投资减少，导致城市空间建设能力下降，对生态环境的影响也由负脱钩向连接状态或者脱钩状态的转变，符合东北地区的客观实际；仅沈阳保持了东北地区固定资产投资集中城市的地位，其城市化对生态环境作用不断增强。一定程度上，城市化与生态环境的脱钩状态反复也表明东北地区的城市发展对生态环境处于动态变化和不可持续的状态。

（三）脱钩判断视角下城市化与生态环境发展时空特征

1. 生态环境压力是城市化累积作用的结果，呈现出一定的时空滞后效应

一方面，东北地区城市化指数呈现倒"U"形发展态势，而生态环境压力指数呈现波动增加的态势。将两者发展趋势进行时间匹配分析，发现城市化发展在不断增强的同时，生态环境压力呈现一定平行增长态势后逐渐下降，2009年城市化达到峰值时生态环境压力值最低，随后城市化发展水平下降，生态环境压力呈现大幅增加，即生态环境压力水平一直处于城市化水平之下，当城市化作用达到一定水平后，生态环境压力开始起到反馈作用。

另一方面，生态环境压力指数高值区域与城市化指数高值区域不匹配。东北地区的城市化因受自然条件、资源分布及地缘政治的影响，空间结构先后经历了"三镇松散""双核T轴""四核T轴""四核两群"的空间结构演变过程。而当前，生态环境压力指数高值区域分布刚进入沿哈大线、滨州—滨绥线贯穿的"T"形城市发展走廊向"群"集聚发展过渡阶段。

2. 近10年来，东北地区的城市经历了城市化与生态环境由以脱钩状态为主体向脱钩状态与负脱钩状态并列的演变过程，城市个体城市化对生态环境效应的稳定性差

在研究时期内脱钩城市、负脱钩城市与连接状态城市的比值分别为

47.06% ∶38.24% ∶20.58%和47.06% ∶47.06% ∶5.88%，由城市化对生态环境以脱钩状态为主向城市化对生态环境脱钩状态与负脱钩状态并列转变。在研究期内个体城市的城市化对生态环境的作用稳定性差，出现由脱钩、连接和负脱钩的状态反复，比重达到64.71%，其中，10座城市转变为负脱钩状态，10座城市转变为脱钩状态，2座城市转变为连接状态。这表明研究期内大部分城市的城市化对生态环境的作用始终处于一种不稳定的非良性阶段。

第四节 城市化与生态环境耦合格局特征总结

一方面，借助DEA方法评价了东北地区的城市同化效率、城市异化效率，诊断了城市健康并分析了其时空特征；另一方面，通过测度城市化指数和生态环境指数，分析东北地区城市化与生态环境的时空特征。将两种方法的分析结果进行综合对比，发现其具有高度的吻合性，且2003年以来城市化与生态环境的相互作用关系趋于基本协调，而空间格局呈现如下特征：

一、城市化发展的高质量进阶及其显著的"群"分布特征

从城市同化效率的测度看，城市同化效率达到最优的城市数量呈现波动性增加态势，表明实现生态资源要素向城市化发展有效转变的城市数量不断增加，城市化发展过程中产生资源要素投入冗余现象减少，城市化发展质量有效性显著增强。从城市化指数测度情况来看，强调城市化综合发展的指数呈现倒"U"形变化，城市化发展综合水平不断提高。

总体来看，2003年以来，城市化发展向着高效和高质量化进阶。从空间格局来看，城市同化效率最优城市相对分布与城市化指数高质量化分布也呈现高度吻合，摆脱了沿哈大交通线布局的特征，逐步开始集中在辽中南城市

群。相对来说，黑龙江和吉林的哈尔滨、长春、吉林等地也呈现了高质量化集聚特征，是具有群培育潜力的区域。

二、生态环境空间格局呈现沿哈大线、滨洲—滨绥线的"T"形布局

从城市异化的测度看，城市异化的规模结构经历了规模报酬递增→规模最优→规模报酬递减的演变过程，且规模报酬递减数量逐年增加，表明城市化发展向生态环境中释放的废物要素在不断增加，逼近生态环境的承载力上限。生态环境压力指数测度显示，生态环境压力呈现波动式上升，与前者验证结果相同。从空间格局看，生态环境压力大的城市主要集中分布在哈大线、滨洲—滨绥线的"T"形交通线上，2009年以来更加明显。

三、城市化与生态环境呈现空间格局不匹配性

综合两种方法测度的城市化与生态环境空间格局结果不难发现，目前城市化的高质量分布呈现向辽中南城市群以及哈长地区集聚，而生态环境压力高值区域则集中在沿哈大线、滨洲—滨绥线的"T"形交通沿线，说明了两者的空间不匹配性。而通过东北地区城市化的演变格局看，显然"群"集聚特征是"T"形集聚特征的升级版，是适应当前城市发展的最优格局，尽管生态环境的压力变化是对城市化发展做出的动态响应，但仍呈现出空间滞后性特征。

第五章 东北地区城市与生态环境的耦合机理分析

本章在前文计算东北地区地级城市反映城市化与生态环境关系的新陈代谢指数和脱钩指数的基础上，进一步诊断影响其变化的因子，分析影响因子对城市化与生态环境作用的关系，以尝试提出城市化与生态环境耦合作用的机理，在可能的基础上提出城市化与生态环境耦合协调发展的可能方向。

第一节 评价模型和检测模型

一、最小二乘法（OLS）基本估计与相关检验

本章采用地理学与经济学研究中常用的普通最小二乘法（OLS）对模型参数进行估计，为判断拟合模型是否具有统计学意义和避免"伪回归"现象，做了如下检验分析。

1. 拟合优度检验

针对实证模型是通过基本模型对数变换后得到的情况，对拟合模型进行了拟合优度检验，判断回归模型的拟合效果

2. F 值假设检验

对拟合模型进行 F 值的假设检验，对包括常数项在内的参数进行 t 检验，判断拟合模型是否具有统计学意义

3. 多重共线性检验

对于多元线性回归模型：$y_i = \beta_0 + \beta_1 x_{1i} + \beta_2 x_{2i} + \cdots + \beta_k x_{ki} + \mu$，如果模型的解释变量之间存在着较强的线性相关关系，或者说，存在一组不全为零的常数 $\lambda_1, \lambda_2, \cdots, \lambda_k$，使得 $\lambda_1 x_{1i} + \lambda_2 x_{2i} + \cdots + \lambda_k x_{ki} + \nu_i = 0$（$\nu_i$ 是随机误差项），则称模型存在着多重共线性，如果 $\nu_i = 0$，则称存在完全的多重共线性。[①] 如果变量之间存在多重共线性将导致以下结果：①增大 OLS 估计的方差；②难以区分每个解释变量的独立影响；③t 检验的可靠性降低；④回归模型缺乏稳定性。因此，有必要对多元线性回归方程进行多重共线性检验，检验方法包括相关系数检验、方差膨胀因子检验等。本章采用 VIF（Variance Inflation Factor）方差膨胀因子检测法来检验模型是否存在多重共线性。判断存在多重共线性的方法为：当 VIF 值小于 5 时，模型不存在较强的多重共线性，如果当 VIF 值大于 5 甚至大于 10 时，可认定模型存在较强或严重的多重共线性，根据多重共线性的解决办法，将对导致多重共线性的变量予以剔除。

4. 异方差检验

异方差性是指，当计量经济模型的基本假设之一 $D(\mu_i) = \sigma_\mu^2$ 不能成立，即至少有一个 i，使得 $D(\mu_i) = \sigma_i^2 \neq \sigma_\mu^2$，我们就称该模型存在异方差。如果模型存在异方差，则可能导致以下影响：①OLS 估计仍然是无偏估计，但不再是最佳估计量，可能导致估计值无效；②t 检验可靠性降低，参数的显著

---

① 完全共线性的情况并不多见，一般出现的是在一定程度上的共线性，即近似共线性。

第五章 东北地区城市与生态环境的耦合机理分析

性检验失去意义；③增大预测误差，影响分析预测的效果。为了检验回归结果中是否存在异方差，需先求出方程残差项的值，绝对化处理后，求出其与劳动生产率、经济关联度和投资产出率的 Spearman 相关系数的绝对值。值较大，则意味着存在非齐次方差。

5. 自相关性检验

自相关是指不同期的样本值之间存在相关关系，即本期样本值可能会受上一期样本值的影响，考虑模型 $Y_t = \beta_1 + \beta_2 X_{2t} + \cdots + \beta_k X_{kt} + u_t$，如果随机误差项的各期望值之间存在相关关系，即 $Cov(u_t, u_s) = E[u_t - E(u_t)][u_s - E(u_s)] = E(u_t u_s) \neq 0 (t \neq s)$，则称随机误差项之间自相关（Auto Correlation），又称序列相关（Serial Correlation）。一般自相关主要存在于时间序列数据中，但是在截面数据中，也可能会出现自相关，通常称其为空间自相关（Spatial Auto Correlation）。存在自相关的情况违反了高斯马尔科夫定理①的条件，从高斯马尔科夫定理的证明过程中可以看出，只有在同方差和非自相关性的条件下，OLS 估计才具有最小方差性。当模型存在自相关性时，OLS 估计仍然是无偏估计，但不再具有有效性。这与存在异方差性时的情况一样，说明存在其他的参数估计方法，其估计误差小于 OLS 估计的误差。也就是说，对于存在自相关性的模型，应该改用其他方法估计模型中的参数。自相关产生的后果主要包括：①自相关不影响 OLS 估计量的线性和无偏性，但使之失去有效性；②自相关的系数估计量将有相当大的方差；③自相关系数的 t 检验不显著；④计算的 R^2 不能真实地反映实际 R^2；⑤模型的预测功能失效。对自相关的检验方法主要包括图示检验法和 DW 检验法，本书采用后者来检验拟合

---

① 在统计学中，高斯马尔科夫定理陈述的是：在误差零均值、同方差且互不相关的线性回归模型中，回归系数的最佳无偏线性估计（BLUE）就是最小方差估计。一般而言，任何回归系数的线性组合的最佳无偏性估计就是它的最小方差估计。在这个线性回归模型中，误差既不需要假定正态分布，也不需要假定独立（但是需要不相关这个更弱的条件），还不需要假定同分布。具体而言，假设其中 β_0 和 β_1 是非随机但是未观测到的参数，x_i 是观测到的变量，ε_i 是随机误差，Y_i 是随机变量（x 小写是因为 x 不是随机变量，Y 大写是因为 Y 是随机变量）。高斯马尔科夫定理的条件是"不相关性"连

方程中是否存在自相关。DW 检验是 J. Durbin（杜宾）和 G. S. Watson（沃特森）于 1951 年提出的一种适用于小样本的检验方法，本书样本数为 27 个，属小样本，适用于该检验法。DW 检验法的核心是计算 DW 统计量 d，通过查询 Durbin-Watson 显著性统计检验临界值表，确定自变量是否存在自相关。当 d < dl 时，自变量存在一阶正自相关；当 d >（4 − dl）时，存在一阶负自相关；当 du < d <（4 − du）时，不存在自相关；当 dl < d < du 或（4 − du）< d <（4 − dl）时，不能确定是否存在自相关。①

二、面板数据的估计

由于本书涉及不同年份城市内部若干指标的相互作用关系，是典型的同时包含若干个体成员和时期的二维面板数据，其估算可采用变截距模型进行，该模型的具体含义如下。

1. 固定效应变截距模型

固定效应模型假设模型中不随时间变化的非观测效应与误差项相关，固定效应模型的表达式为：$y_{it} = \alpha_i + \sum_{i=1}^{k} \beta_i x_{it} + \nu_{it}$，其中，i = 1，2，…，n 表示个体成员，t = 1，2，…，T 代表时间跨度。

模型中不随时间变化的非观测效应 α_i 与误差项 ν_{it} 相关。同时，$\alpha_i = \bar{\alpha} + \alpha^*$，其中，$\bar{\alpha}$ 代表均值截距项，该项在不同的截面时间是相同的，α^* 代表界面个体成员截距项，表示个体成员的截距对整体截距的偏离。

对于固定效应模型，通常的处理方法是准差分处理后使用 OLS 估计方法或使用最小二乘虚拟变量法（LSDV）进行估算；如果其误差项 ν_{it} 不满足相互独立和同方差假定，则需要使用 GLS 进行估算。

---

① dl 和 du 是杜宾和沃特森根据样本容量与解释变量的数目，在给定显著水平（1%、2.5%和 5%）下建立的下临界值和上临界值。

第五章 东北地区城市与生态环境的耦合机理分析

2. 随机效应变截距模型

随机效应模型假设中不随时间变化的非观测效应与误差项相关,即随机效应模型表达式为:$y_{it} = \alpha_i + \sum_{i=1}^{k}\beta_i x_{it} + u_i + v_{it}$,其中,i = 1,2,…,n 表示个体成员,t = 1,2,…,T 代表时间跨度。

模型中不随时间变化的非观测效应模型 u_i 与随机误差项 v_{it} 不相关。因此,随机效应模型也可以写成如下公式:$y_{it} = \alpha_i + \sum_{i=1}^{k}\beta_i x_{it} + \partial_{it}$,其中,$\partial_{it} = u_i + v_{it}$ 为复合扰动项。

对于随机效应模型,虽然假定模型中不随时间变化的非观测效应 u_i 与随机误差项 v_{it} 不相关,但是由于 u_i 存在,同一个体不同时间的扰动项一般存在相关性问题。所以,对于随机效应模型,一般使用 GLS 进行估计。

3. 模型形式设定检验——Hausman 检验

Hausman 检验用于确定选择固定效应模型还是随机效应模型。其原假设为:内部估算量(最小二乘虚拟变量法(LSDV))和 GLS 得出的估算量是一致的,但是内部估算量不是有效的。

因此,在原假设下,$\widehat{\beta_w}$ 与 $\widehat{\beta_{GLS}}$ 之间的绝对值差距应该不大,而且应该随样本的增加而缩小,并渐进趋近于 0。而在备择假设下,这一点不成立。Hausman 利用这个统计特点建立了如下的检验统计量:$W = (\widehat{\beta_w} - \widehat{\beta_{GLS}})' \sum_{\beta}^{-1} (\widehat{\beta_w} - \widehat{\beta_{GLS}})$。Hausman 检验统计量渐进服从自由度与 K 的卡方分布。

第二节　城市化与生态环境相互作用的影响因子判断

本章利用 EViews 软件，采用 OLS 对新陈代谢指数和脱钩指数相关指标等及其影响因素进行方程拟合。

一、城市健康的影响因子判断

基于从新陈代谢视角出发采用城市化与生态环境相互作用关系的指标——城市新陈代谢指数来诊断东北地区城市健康的研究，进一步诊断 2003 年以来东北地区城市健康状态的原因，选取代谢指数指标体系中的 7 组因素予以评价，即人口城市化（UP）、空间城市化（USS）、经济城市化（UE）、社会城市化（US）、生态本底（EB）、能源资源保障（ES）和环境威胁（ET），在对各变量标准化、加权处理之后，构建城市新陈代谢指数（UMI）与其影响因素的回归模型方程为：

$$UMI_i = C + \mu_1 UP_i + \mu_2 USS_i + \mu_3 UE_i + \mu_4 US_i + \mu_5 ES_i + \mu_6 EB_i + \mu_7 ET_i + \varepsilon_i$$

(5-1)

式中，UMI 为城市新陈代谢指数；C 为线性回归方程的常量；$\mu_1 \sim \mu_7$ 为变量的回归系数；ε_i 为线性回归方程的随机误差。借助 EViews 软件对研究期的面板数据进行最小二乘法（OLS）拟合，依据霍夫曼检验结果接受固定效应模型，得到拟合的显著性 R^2 为 0.855，显著性效果明显。

从表 5-1 的计算结果来看：社会城市化水平的作用强度最大，线性关系特征明显，且正向的推动作用显著。社会城市化的作用在不断增强，反映了城市固定资产投资、社会消费水平对于城市化的提升作用。一方面，反映了

第五章 东北地区城市与生态环境的耦合机理分析

表 5-1 东北地区城市新陈代谢指数与影响因素回归结果

影响因素	Co ef.	Std.Err.	t-Stat.	Prob.
C	1.621	0.278	5.828	***
人口城市化（UP）	−0.374	0.276	−1.356	**
空间城市化（USS）	0.268	0.254	1.056	*
经济城市化（UE）	−1.268	0.794	−1.597	**
社会城市化（US）	1.241	0.432	2.872	***
生态本底（EB）	−0.869	0.289	−3.008	***
能源资源保障（ES）	0.322	0.199	1.620	**
环境威胁（ET）	−0.155	0.297	−0.521	*

注：***、** 分别表示在 1%、10%水平下显著；* 表示显著性水平较低。

东北地区的城市化进程中仍然是以投资拉动为主；另一方面，社会消费水平带动居民生活质量的提升，对于已经拥有较高城市化水平的东北城市而言，更加有利于推动城市健康发展，社会发展和改善有利于城市的持续发展。能源资源保障与空间城市化对城市代谢指数亦具有正向的推动作用，但显著性依次递减。能源资源保障是城市化过程中向生态环境索取以维持城市物质、能量流动的必要条件，但需注意的是，其与城市代谢水平相关性下降恰恰反映了城市发展的历史过程。随着时代的不断进步，东北地区老工业基地的城市发展也在逐渐摆脱高耗能、高资源依赖型产业发展，城市发展融入更多创新要素条件，能源、资源不再是城市发展的中流砥柱，而转变成为城市代谢过程中的基本要素。空间城市化作用强度不高，具有正向作用，表明近 10 年空间城市化与健康指数呈现正相关，但并不显著。空间城市化是社会城市化的直接表象，投资拉动下的城市化有利于促进城市用地的扩张和城市基础设施的建设。

生态本底与城市代谢指数呈显著负相关。本书选取建成区绿化覆盖率和人均拥有绿地面积来反映生态本底，这两项指标的提高，在一定程度上要求城市牺牲经济发展，牺牲城市工业发展，减少相关的工业土地利用与开发等。当前东北地区生态城市建设任重道远,如何实现经济发展、城市建设与良好生态环境的双赢是未来的重要议题,也是响应国家生态文明建设的现实需求。人口城市化、经济城市化与城市代谢指数呈现负相关。人口集聚是城市化的表象,人口城市化水平不能反映城市化质量高低[195],而且,随着人口增加,为了满足城市人口的居住、工作、交通、游憩等基本职能,环境压力不断增大,降低了城市化质量。此外,当前东北地区经济发展仍然以粗放型为主,重工业成为城市经济发展的惯性和拖累,尤其在当前全球经济不景气的状况下,以石油等为表征的大宗商品价格暴跌,使得国内以原材料、能源等作为支柱产业的城市,经济继续受到打击,黑龙江的石油产量每年下降100多万吨,辽宁的钢铁等产能下降,都直接影响了经济总量,这些地区转型迫在眉睫,而且对环境的压力仍然不容小觑,进而造成代谢指数的减少。最后,环境威胁因子的影响为负,但系数较小,也不显著,表明该因子在现阶段对东北地区城市新陈代谢指数的影响有限。尽管如此,以城市异化效率的规模报酬递增的城市数量增加,则从侧面反映了以废弃物排放为特征的生态威胁对生态环境压力不断增大有不可忽视的作用。

二、城市脱钩状态的影响因子分析

在前文对2003~2012年东北地区城市脱钩状态判断的基础上,延续前文的设定将研究期划分为2003~2007年(T_1)、2008~2012年(T_2)两个时期,即分别表示东北振兴规划的前期和后期。针对规划前期和后期出现的城市脱钩状态发生转变的情况,以T_2时期城市的脱钩状态为基准,针对东北地区城市的脱钩变化过程,将城市化与生态环境关系状态中始终未变化的和发生转变的城市划分为脱钩状态(16个)、负脱钩状态(16个)和连接状态(2个)三类。选取人口城市化(UP)、空间城市化(USS)、经济城市化(UE)、社会城市化(US)、资源保障(RS)和环境压力(EP)等指标,利用EViews6.0软件分析主导城市化与生态环境脱钩状态转变的影响因素。

第五章　东北地区城市与生态环境的耦合机理分析

（一）负脱钩状态城市

1. 回归模型构建

对资源保障指数与城市化各指标进行最小二乘法拟合（OLS），依据霍夫曼检验结果接受固定效应模型，拟合方程模型如下：

$$RS_{it} = 1.653 - 1.160UP_{it} - 0.208USS_{it}$$
$$(i = 1, 2, \cdots, 16; t = 1, 2, \cdots, 5) \tag{5-2}$$

表 5-2 显示，回归方程拟合度高，判定系数达到 $R^2 = 0.932$，$P = 0.00$，显著性明显。资源保障程度与人口城市化、空间城市化均在 0.01 水平呈现负相关性，与经济城市化、社会城市化的负相关性均不明显。表明随着城市人口集聚规模增大、城市建设用地扩张和基础设施建设加强，资源消耗量增大，对城市的资源保障程度随之出现明显下降。

表 5-2　负脱钩状态城市资源保障程度与各项城市化指标的回归结果

Variable	Co ef.	Std.Err.	t-Stat.	Prob.
C	1.653	0.577	2.863	0.0058**
UP	−1.160	0.523	−2.216	0.0305*
USS	−0.208	0.071	−2.933	0.0048**
UE	−0.052	0.324	−0.160	0.8736
US	−0.128	0.092	−1.386	0.1708

注：**、* 分别表示在置信度（双测）为 0.01 和 0.1 时，相关性是显著的。

对城市化各指标与城市环境压力进行最小二乘法拟合（OLS），依据霍夫曼检验结果接受固定效应模型，拟合方程模型如下：

$$EP_{it} = 3.87 + 2.383UP_{it} + 1.079UE_{it} + 0.506US_{it}$$
$$(i = 1, 2, \cdots, 16; t = 1, 2, \cdots, 5) \tag{5-3}$$

表 5-3 显示，回归方程拟合度高，判定系数达到 $R^2 = 0.842$，$P = 0.00$，显著性明显。生态环境压力与人口城市化、经济城市化均在 0.1 水平上表现为负相关，与社会城市化在 0.01 水平上表现为正相关。当城市化水平达到一定程度后，人口城市化、经济城市化和社会城市化集聚程度增大，环境压力进一步增大。

表 5-3 负脱钩状态城市环境压力与各项城市化指标的回归结果

Variable	Co ef.	Std.Err.	t-Stat.	Prob.
C	3.870	1.054	3.671	0.0005**
UP	2.383	0.956	2.494	0.0154*
USS	0.111	0.130	0.858	0.3943
UE	1.079	0.591	1.826	0.0728*
US	0.506	0.168	3.009	0.0038**

注：**、* 分别表示在置信度（双测）为 0.01 和 0.1 时，相关性是显著的。

2. 原因分析

（1）以空间城市化为表征，以固定资产投资为主要驱动力的生态环境发展具有不可持续性。沈阳、吉林、佳木斯等中心城市和营口、锦州、葫芦岛等沿海城市的资源保障与空间城市化呈现显著的负相关性，表现为以有限的资源环境条件支撑新城、新市镇、新区和工业区的建设以及城市建成空间的迅速扩张[196]。究其原因，在于东北振兴政策实施以来，以房地产投资为代表的固定资产投资驱动成为城市化的主要动力[197]。一方面，以沈阳为首的中心城市集聚了所在省份相当高的投资份额，并依托优越的政治条件、便利的交通条件和雄厚的产业基础，不断吸引人口集聚，为了满足居民基本的就业、居住、交通和游憩要求，对土地、水、空间等资源的索取不断加剧，城市化对生态环境的压力不断加大；另一方面，辽宁沿海城市借助优越的区位优势，成为各类投资优先选择的区域，开启了以外向型经济服务为主的基础设施建设过程，进而实现了沿海城市空间的迅速扩张，在追求经济利益的同

第五章　东北地区城市与生态环境的耦合机理分析

时，对资源环境造成了巨大消耗。这表明这种以投资驱动为主，以巨大资本和土地资源消耗为代价的空间城市化对生态环境发展具有不可持续性。值得注意的是，尽管长春处于衰退性连接状态，其发展模式却与沈阳等中心城市无异。

（2）资源型经济驱动的路径依赖仍然显著。丰富的矿产资源是东北地区城市体系形成的基础条件。时至今日，在以大庆、七台河和白山为首的石化、煤炭和森工城市中，资源型经济仍然是国民经济的支柱产业。《全国资源型城市可持续发展规划（2013~2020年）》确定的东北地区资源型城市达19个，其中有10座城市长期处于或转变为负脱钩状态；按照资源型工业城市类型的划分，① 这些城市属于成长型、成熟型和衰退型城市。究其原因，一方面，随着全国各领域出现产能过剩，资源能源在国民经济发展中的地位急剧下降，尤以煤炭资源价值的下降最为显著，加之资源型城市产业结构单一等问题突出，导致尚处于成长型、成熟型的资源型城市经济发展受挫；另一方面，以七台河为首的资源衰退型城市则出现转型不彻底，缺乏必要的固定资产投资和新型产业支撑，仍走资源消耗的粗放型经济老路，致使环境治理相关投资减少，造成经济、社会、生态环境等综合效应下降的恶性循环，甚至出现人口流失，城市化对生态环境压力依然较大。

（二）脱钩状态城市

1. 回归模型构建

从环境压力与城市化各指标的拟合结果来看，其显著性差，没有明显的拟合关系，符合脱钩状态城市的属性，即城市化发展对生态环境不产生压力或者压力减小。对资源保障程度与城市化各指标进行最小二乘法拟合

---

① 依据《全国资源型城市可持续发展规划（2013~2020年）》资源型城市综合分类标准，参考资源保障能力和可持续发展能力差异，将资源型城市划分为成长型、成熟型、衰退型和再生型四种类型。成长型城市：松原。成熟型城市：吉林、本溪、鸡西、大庆、黑河、牡丹江。衰退型城市：辽源、白山、抚顺、阜新、鹤岗、双鸭山、伊春、七台河。再生型城市：通化、盘锦、鞍山、葫芦岛。

（OLS），依据霍夫曼检验结果接受固定效应模型，拟合方程模型如下：

$$RS_{it} = -0.135 USS_{it}$$

$$(i = 1, 2, \cdots, 16; t = 1, 2, \cdots, 5) \qquad (5-4)$$

表 5-4 显示，回归方程拟合度高，判定系数达到 $R^2 = 0.915$，$P = 0.00$，显著性明显。资源环境保障与空间城市化呈现 0.1 水平的显著负相关，即空间城市化的发展对资源消耗量降低，随着空间城市化的快速发展，资源保障系数降低。人口城市化、经济城市化和社会城市化与资源保障均无显著相关性。

表 5-4 脱钩状态城市资源保障程度与各项城市化指标的回归结果

Variable	Co ef.	Std.Err.	t-Stat.	Prob.
C	1.143	0.765	1.494	0.1405
UP	−0.941	0.816	−1.153	0.2536
USS	−0.135	0.081	−1.671	0.0999*
UE	0.233	0.339	0.687	0.4946
US	−0.165	0.111	−1.493	0.1406

注：**、* 分别表示在置信度（双测）为 0.01 和 0.1 时，相关性是显著的。

2. 原因分析

（1）创新转型驱动是实现城市化与生态环境协调发展的关键。哈尔滨、大连、齐齐哈尔、阜新等城市处于城市化与生态环境协调发展状态，但其空间城市化水平与资源保障也呈现负相关性。这表明尽管城市开始更多关注因新城、新区、工业园区扩展等空间城市化带来的历史欠账，注重完善城市功能和提升基础设施服务水平，出现内涵式的空间城市化转变[198]，但其对资源环境的消耗依然不可避免。然而值得关注的是，通化、鞍山等资源再生型城市的城市化发展对生态环境的压力逐渐减小。以通化为例，与其转变以矿产品冶炼为主要经济支柱的状况，大力发展生物医药产业集群，培植新兴的经济动力有直接关系，尤其是摆脱传统公有制企业发展的束缚，积极转向民

第五章　东北地区城市与生态环境的耦合机理分析

营经济主体，为城市化经济发展提供了更加健康的市场环境，成为城市化与生态环境可持续协调发展的关键所在。

（2）生态环境对城市化具有倒逼作用。东北地区西部城市如白城和朝阳，处于生态环境脆弱区域，农牧业自然条件不理想，自然资源欠缺，生态环境限制城市化发展；黑河等城市地处北部高寒地区，且深居内陆，交通条件比较落后，资金和人才缺乏，城市化发展受限；东部以山地和丘陵地貌为主，且肩负区域生态安全和边防的重责，决定了其城市化发展水平一般。此外，绥化等处于松嫩平原的城市，因其良好的生态环境条件而成为国家粮食基地，为国家粮食安全保障牺牲城市化发展。

总体来看，这些城市的城市化发展对生态环境的压力不大，可归因于生态环境保育倒逼城市化发展，属于不健康的城市化发展情境，且这一状况在未来一段时间内难以改变。

第三节　城市化与生态环境相互作用的机理

本章对东北地区工业化以来的城市化与生态环境耦合过程梳理是全景式的，在此过程中既有定性的演绎分析，又有定量的测度分析，得出了东北地区城市化与生态环境的耦合作用关系具有阶段性特征，而不同的发展阶段其影响因子和作用机理又各不相同。因此，有必要在城市化与生态环境耦合过程研究的基础上，分阶段对影响因子进行梳理，进而判断其作用机理。

一、影响因素作用梳理

城市化与生态环境耦合过程可划分为畸形发展、相对协调发展、不协调发展和向协调发展动态转变四个阶段，结合其所处的不同社会发展阶段，可以发现，畸形发展、相对协调发展、不协调发展三个阶段表征了东北地区从工业化初期到工业化中期的发展状态，向协调发展动态转变阶段则属于工业化中后期与信息化社会综合交叉且面临转型的复杂时期。以下从东北地区所处的发展阶段以及城市化与生态环境耦合作用过程的特征入手，对影响其作用关系的因子进行梳理。

（一）生态环境对城市发展的限制与倒逼作用

生态环境是城市与区域发展的本底和基础，在提供资源、能源等物质基础的同时，其自然地形、地貌格局和气候条件等对人类活动及城市发展有显著的影响。在城市形成之初，往往布局在平原、沿河流域等水草丰美之地，城市的发展规模与空间布局受生态环境影响显著，生态环境对城市化的发展往往多表现为一种限制作用。进入工业社会后，生产力水平大幅提升，城市布局开始突破以往自然环境的限制，向更为偏远的内陆腹地扩展，对自然资源的利用也随着城市化发展不断深入，城市的规模、数量等均有显著增加，此时的生态环境对城市化的发展具有抑制作用，城市化通过工业"三废"等城市废物的产生和释放与生态环境进行着不断的互动反馈作用，逼迫城市化速度放缓，进而达到一种平衡状态。生态环境倒逼作用的显现，也是城市化发展冲击生态环境承载力的体现，是当前两者关系的主要表现形式。

（二）生态环境响应与生态环境威胁的制衡作用

城市化发展对生态环境的作用表现在两个方面：一方面，城市通过代谢向生态环境释放废物，对生态环境造成威胁；另一方面，生态环境受到威胁以后抑制城市发展，城市为实现可持续发展而对生态环境进行响应，通过人工措施减少城市污染物的排放，从而使城市化与生态环境达到平衡状态。当然，其中任何一方未及时对反馈做出响应，均会造成不良结果的积累，从而打破城市化与生态环境的平衡状态。

（三）资源、能源要素对城市发展的诱发和支撑作用

资源、能源要素对城市化与生态环境的作用主要在工业社会开始彰显。

第五章　东北地区城市与生态环境的耦合机理分析

矿产资源、能源以及森林等要素是工业社会城市发展的基础，在很大程度上也是促进城市形成的重要条件，尤其在东北地区，因矿、林、油兴起的城市很多，并且资源丰裕度和开采规模等决定了城市发展的规模，一定程度上也决定了生态环境的恶化程度。东北地区城市的数次兴起和繁荣都得益于对资源、能源的大量需求，直至 21 世纪初，我国的经济发展一直在消耗大量的煤炭、石油、钢铁等物质资源，属于典型的粗放型发展模式。尽管如此，资源要素仍然是目前东北地区城市发展的重要条件，对城市发展起到重要的支撑作用。当然，矿产资源、能源的耗竭性导致资源型城市的发展存在可持续受限的问题，并且资源型城市的发展对城市环境具有阶段性特征，在其开发的成长、成熟和衰退阶段，环境质量在逐步恶化，资源枯竭型城市面临城市转型和生态环境破坏严重的问题。

（四）人口、经济集聚的促进作用呈现"规模不经济"

城市化的直接表现即为非农人口的集聚，为城市化早期发展提供了最好的发展动力，促进城市经济快速发展，而经济集聚发展也在不断地促进人口向城市集中，两者具有相互促进的作用。当城市化水平达到一定程度之后，人口的集聚效应开始下降，对经济、社会等城市化综合质量的提升作用开始下降，直至人口大规模集聚导致的包括环境问题在内的"城市病"集中爆发时，规模不经济问题出现。同理，以工业经济为主要表征的经济发展，在工业产业比重不断增大的时候，整个城市经济必然出现"规模不经济"现象。人口集聚和经济发展对资源的索取本身就是不断增加的，呈现一个负向作用，人口规模越大、经济发展规模越大，对资源的索取越强，区域的资源保障程度越低。因此，本书研究结果中人口城市化、经济城市化与城市健康呈现负相关，负脱钩状态城市的人口城市化、经济城市化与生态环境压力呈现正相关并不矛盾，是其"规模不经济"的表现。原因在于：结合城市化与生态环境耦合过程中人口城市化的作用强度不难发现，整个研究期间内，人口城市化的作用在不断减弱，而当前东北地区城市化已经处于纳瑟姆曲线的中间段，城市化发展水平的上升速度下降，此时人口增加数量越少，越有利于促进城市效率达到最优，城市越健康；而人口增加越多，对城市化的促进作用不显著，增加城市的废物释放，对生态环境的压力反而越大。

（五）社会城市化对城市的转变支撑价值

可以说，工业社会发展初期、中期均是以资源经济、工业生产促进人口集聚的城市发展模式。进入工业化后期，社会对基础物质资料的需求量以及消化能力下降，资源型、工矿型城市发展受限明显。该阶段城市谋求转型，而以改善城市质量为目标、以固定资产投资和促进城市居民消费水平的社会城市化成为主要动力，以房地产开发为主的空间城市化成为直接表现。以哈尔滨、长春、大连和沈阳为首的大都市，是这种以固定资产投资为特征的城市化模式的主要代表。值得注意的是，这种发展模式有其自身的不足之处，受城市的消化能力影响显著，容易产生生产过剩的情况，导致城市发展效率具有波动性，城市化与生态环境的脱钩状态已发生反复，表明这种支撑转型发展的方式有一定的时效性、动态性和不可持续性。考虑长远发展，任何城市的转型都要突破传统模式，走创新型发展的道路。

（六）宏观政策的促进作用

整个研究期内，尽管东北地区的城市经历了不同的社会发展阶段，但以宏观政策颁布与实施为目的的自上而下发展路径一直延续到今天。时至今日，各种名义的振兴东北地区发展的政策仍然是拯救东北地区城市发展的"圣旨"，虽然其制约了市场行为主体的作用发挥，但在生态环境保护方面仍有较大的促进作用。主要体现在：一方面以立法形式保护生态环境，另一方面将生态文明建设提升为国策。环境保护立法的形成，加之自上而下的实施，很大程度上保证了生态环境的改善，遏制了生态环境进一步被破坏。不仅是制定生态文明建设等国策，园林城市建设评选等政策措施也对生态环境的发展有着积极的促进作用。可以预见，未来的城市化与生态环境协调发展在很长一段时间内都离不开宏观政策的作用，因此，应积极、高效、

第五章 东北地区城市与生态环境的耦合机理分析

优质地把握和使用。

二、城市化与生态环境作用机理构建

机理强调的是系统内各因素按照一定的运行轨迹和作用方式而存在，以促进系统不断发展。因而，应在梳理影响城市化与生态环境作用的因子基础上，融合城市发展的阶段性，综合考虑城市新陈代谢作用，构建城市化与生态环境耦合运行的普遍机理，并对引起东北地区城市化与生态环境耦合协调状态发展转变的因子及机理进行分析。

（一）城市化与生态环境运行机理

1. 城市系统与生态环境系统的作用机理

城市系统与生态环境系统之间由"诱发→支撑→释放→逼近→响应→保护"的运行关系主轴贯穿（见图5-1）。生态环境为城市的形成提供了诱发因子，该因子或者更多其他的要素成为城市发展的重要支撑条件，尤其是工业化以来对城市的发展和促进作用更为显著；城市通过不断的自身代谢（运行）消耗物质要素实现城市的空间、社会、经济等方面的建设，并释放大量的废弃物于环境中；当废弃物不断逼近生态环境承载力时，生态环境得以响应，倒逼城市进行反馈，以促使城市减少资源、能源的消耗和废弃物的排放，并以出台政策等方式实现对生态环境的保护。

2. 城市新陈代谢视角下城市化与生态环境系统的作用机理释义

在强调城市生命体的价值基础上，对城市系统与生态环境系统运行机理进行进一步剖析。进一步利用城市新陈代谢的同化作用与异化作用诠释"生态环境对城市化的作用"以及"城市化对生态环境的作用"。

（1）城市同化代谢机理。生态环境作为城市发展的本底和发展要素供给者，为城市发展提供了重要的物质条件，通过城市的人口、经济、社会、空间子系统不断地进行消耗，以人口集聚和经济发展最为显著。在城市发展前期，人口集聚和经济发展大量地消耗资源、能源，进而促进城市规模不断增

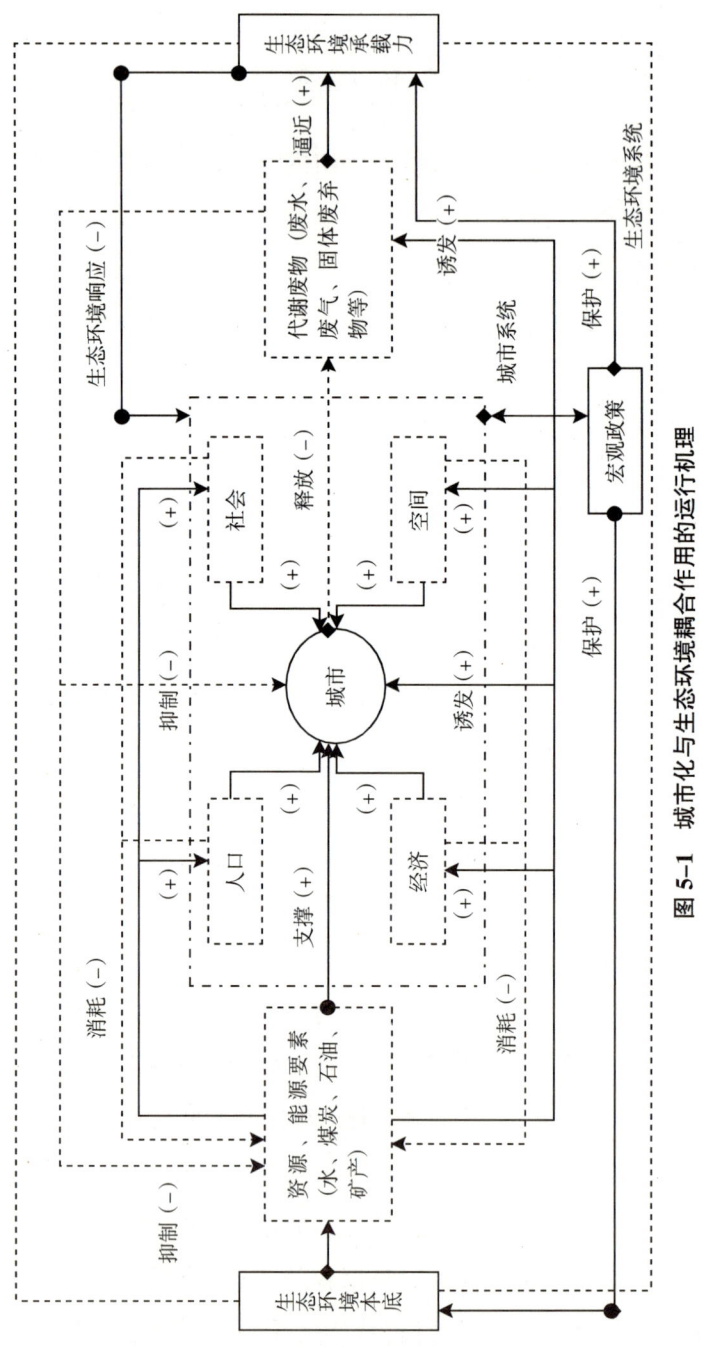

图 5-1 城市化与生态环境耦合作用的运行机理

第五章 东北地区城市与生态环境的耦合机理分析

大;城市的社会发展和空间发展也在人口、经济的不断发展中提升,尤其是空间发展强调城市基础设施、城市用地规模等。因此,生态环境的资源要素和本底对于城市发展是正向的促进作用,而城市化对生态环境资源要素则是负向的消耗作用,也正是这样的负向作用不断积累才使得城市规模得以持续积累,城市化发展效果显著。

(2)城市异化代谢机理。从生命运行的过程看,异化强调的是消化和释放作用,对于城市化与生态环境系统,则表现为城市运行作用产生废物,生态环境系统对城市系统具有容纳作用。城市化发展过程中,人口、经济、社会、空间子系统都在消耗物质资源的同时产生废弃物,并且废水、废气、固体废弃物规模量随着城市化发展不断增大。因此,城市系统的运行越流畅,代谢废弃物的产生量越大,具有正向促进作用;而与生命体的不同在于,城市代谢需考虑生态环境阈值的限制,其代谢废物越多越不利于生态环境的发展,进而对城市化产生抑制作用。

(二)东北地区城市化与生态环境关系转变机理

东北地区城市化与生态环境的耦合作用过程,也是城市经历"发展→响应→转变"的过程。目前,东北大部分城市已处于"响应→转变"的重要历史阶段,然而以资源型经济增长带动人口增长、推进城市化的模式[199]和市场化带来的投资驱动城市化模式并未得到本质上的改变,在生态文明建设的背景下显得更加不可持续。值得一提的是,通化、鞍山等资源再生型城市的转型效果显现,其摆脱了资源型经济动力,在促进经济发展的同时,使城市化对生态环境压力保持在可控范围内,这种城市经济转型发展与生态环境的协调、共生发展必然成为未来趋势。下文在对城市化与生态环境作用机理的分析基础上,进一步细化表达阐述引起东北地区城市化与生态环境发生变化的运行机理。

1. 人口城市化、经济城市化等影响城市化发展的传统因子作用势弱

通过对东北地区城市化的定量分析过程来看,23年来,东北地区的

人口城市化势弱趋势最为显著，尤其在 1991~1996 年和 2003~2012 年两个阶段，而仅在 1997~2002 年出现大幅波动；经济城市化与人口城市化的变化趋势基本一致，只是在 2003~2012 年发展速度高于人口城市化。在对近 10 年东北地区城市的健康发展分析中发现，人口、经济对城市化呈现较显著的负向作用，也反映出了东北地区城市化不再由人口集聚和经济发展等传统方式决定。东北地区城市未来健康发展应在现有基础上合理控制人口规模和转变经济发展方式，注重城乡统筹发展，积极建设特色新农村。

2. 投资驱动与资源型经济发展强劲，东北地区城市化仍然处于向内涵式发展的转型期，增加了生态环境的不可持续性

从对城市化与生态环境的耦合过程、格局与机理的研究中发现，社会城市化、空间城市化的正向促进作用显著为正。可以说，城市化的发展开启了以投资拉动、提升社会消费等方式为主，开始注重改善城市化的内涵和质量，而空间城市化是社会城市化的直接表象的发展阶段。在当前以大都市为核心、工业型城市为主体和沿海城市为先导的东北地区，即使固定资产投资促使四大核心城市和沿海型城市空前发展，其城市化对生态环境压力的不稳定性也十分明显，石油、煤炭和森工等资源型城市的城市化对生态环境压力仍然巨大，表明东北地区的城市化发展仍然以资源型经济和投资驱动为主要动力，是城市化对生态环境产生压力的主要原因，具有阶段性和不可持续性。

3. 生态环境倒逼和创新转型驱动促进东北地区城市化与生态环境协调发展，生态文明建设任重道远

部分受制于自然生态环境和国家宏观战略的城市，往往城市化对生态环境压力不大，并不是东北地区的城市主体。真正开始转变的城市以资源再生型城市最为典型，其创新转型发展是摆脱城市化对生态环境压力的关键动力。在当前，如何在保护生态环境本底条件下实现城市经济社会良性可持续

第五章 东北地区城市与生态环境的耦合机理分析

发展是未来发展必然要克服的问题。若仅仅依靠生态环境的反馈,可能因反馈延时性造成对生态环境难以修复的破坏。而目前来看,东北地区促进城市化与生态环境发展的创新转型发展成功案例并不多,研究之路仍然很长,城市的生态文明建设任重道远。

第六章 结论与展望

一、基本结论

本书的主要内容是东北地区城市化与生态环境的耦合关系过程、格局与机理研究,迎合了我国生态文明建设的大趋势和东北地区城市健康可持续发展的大背景。本书从人文地理学、城市地理学、复杂系统理论、新陈代谢理论和脱钩理论等以往传统理论的总结和发展中,形成对城市化与生态环境耦合关系评估的方法和影响判断机理,理论和方法紧密结合,定性描述与定量分析有机结合,从而对城市化与生态环境相互关系理论进行了有效的补充,起到拓展研究视角的作用。从整体上说,本书主要得出以下结论:

(1) 对城市化与生态环境耦合关系过程进行详细梳理和研究,得出东北地区城市化与生态环境先后经历畸形发展、相对协调发展、不协调发展和向协调发展动态转变四个阶段。通过全景式地描述东北地区工业化以来的城市化与生态环境发展历程及其耦合过程,得出东北地区城市化发展的整个过程中呈现3个类"S"形(纳瑟姆)曲线的衔接,是城市化发展周期性的彰显,其中前两个均是畸形的生命周期,也成为东北地区城市化发展的独有特征;得出东北地区生态环境的演变过程并未呈现出倒"U"形库兹涅茨曲线变化特征,大多数年份处于倒"U"形曲线的左侧,并在研究期末开始进入到相对稳定的阶段,在未来一段时间内可能仍然不会改变,也是东北地区工业化发展作用的直观表现。

（2）东北地区城市化向高质量发展进阶，生态环境压力提升相对缓慢。从城市化发展来看：省级尺度上，东北地区尽管经历了相对曲折的发展历程，但其整体上向高质量化进阶明显，尤其2000年以来，城市化质量得到显著提升；地级市尺度上，一方面，城市同化效率达到最优的城市数量不断增多，另一方面，脱钩分析中城市化指数呈现上升趋势。因而，省级尺度与地级市尺度研究结论相吻合，均表明了东北地区城市化发展的高质量化特征。从生态环境压力看，省级尺度上的东北地区生态环境压力发展缓慢，而地级市尺度上，一方面异化代谢作用在增强，另一方面脱钩分析中生态环境压力指数表现为小幅提升。整体看，生态环境压力在缓慢地逼近生态环境承载力阈值，与客观实际相符合。综合对比看，尽管省级尺度上的城市化与生态环境研究跨度较长，但其与地级市尺度上的城市化与生态环境耦合协调性研究结果相吻合，均表明了东北地区向基本协调趋势变迁的特征。

（3）对城市化与生态环境耦合格局进行分析表明，东北地区生态环境压力集聚，在空间上滞后于城市化发展的空间集聚特征。通过对新陈代谢和生态环境压力的评价结果的空间可视化表达结果进行对比，发现东北地区城市化发展逐步摆脱东北地区传统的以哈大、滨洲—滨绥"T"字形交通轴布局特征，呈现在辽中南城市群和哈大区域显著集聚的"群"空间集聚特征，东北地区城市化发展"群"集聚特征显著增强；而当前，生态环境压力的空间分布仍以哈大、滨洲—滨绥"T"字形交通沿线布局为主，在对城市化发展的空间响应方面滞后性明显。

（4）对城市的健康诊断表明，东北地区城市健康状态呈现向亚健康状态的跃迁转变，整体处于城市化与生态环境的基本协调状态。本书借助对城市新陈代谢的测度，引入城市健康诊断来评价城市化与生态环境的耦合关系。研究期内，健康城市数量占比由50%下降到35.29%；亚健康城市数量占比由14.71%上升到44.12%；不健康城市数量占比由35.29%下降到20.59%。以亚健康城市取代健康城市在数量上绝对占优，不健康城市数量也有所下

第六章 结论与展望

降,其得益于吉林、黑龙江两省城市健康状态发生由不健康状态向亚健康状态的跃迁,而辽宁的城市普遍处于健康状态。从空间格局看,呈现健康城市在辽中南城市群集聚的分布特征,逐渐摆脱了沿哈大交通轴线布局的特征,契合了国家以城市群为未来发展重要载体的战略。

(5)对城市化与生态环境耦合运行的影响因子进行梳理分析发现,自然生态环境,生态环境响应,生态环境威胁,资源、能源要素,人口城市化,经济城市化,社会城市化和宏观政策等要素对城市化与生态环境的耦合作用关系作用显著。其中,生态环境中的资源、能源要素对城市化发展具有诱发和支撑作用,自然生态环境对城市发展则体现限制与倒逼作用,而生态环境响应与生态环境威胁的制衡作用,综合反映出生态环境系统自身对城市的作用与响应过程;人口、经济集聚的促进作用呈现"规模不经济",对城市化的带动作用逐渐减弱,对生态环境压力的作用则增强;社会城市化对城市的转变起到一定的支撑作用,是城市发展的重要因素。宏观政策则对城市化与生态环境耦合协调发展具有促进作用。

(6)对东北地区城市化与生态环境耦合协调性转变机理进行分析发现,人口城市化、经济城市化等传统促进城市大量消耗资源、能源的作用开始势弱;投资拉动和资源型经济发展是当前东北地区城市发展的主要动力,尤其促进了东北地区城市空间的发展和建设。尽管当前生态环境压力维持在一个相对稳定的状态,对生态环境脆弱区域的城市发展开始起到倒逼的作用,仅有通化、鞍山等个别城市通过创新发展摆脱传统的城市化发展模式,达到了城市化与生态环境的基本协调状态。从长远看,以创新驱动发展方式的转变实现城市化与生态环境协调发展是必然的道路。

二、主要创新点

本书的研究属于社会科学与自然科学的交叉领域,除人文地理学外,还包含了复杂系统论、新陈代谢理论和脱钩理论等,在研究中同时将各学科相关理论进行融合，相较于以往城市化与生态环境的耦合过程、格局与机理的研究，具有以下创新点：

（1）视角创新。相比于传统的城市化与生态环境耦合关系研究成果来看，本书在继承了城市化与生态环境的复杂系统性基础上，进一步引入生命学有关新陈代谢的理论，将新陈代谢理论引入到城市的发展中，并将城市化与生态环境之间的关系具化到城市同化、异化的概念，进而借助城市同化与异化的关系创新性地提出城市健康诊断的途径，评价城市化与生态环境的作用关系。具有一定的理论创新性和补充性，为今后我国城市与生态环境相互作用关系的健康可持续发展评价提供了一个可能路径。此外，在使用同源数据对省级城市化与生态环境的耦合过程研究基础上，进一步分析地级市的耦合格局，有关城市化与生态环境耦合作用关系研究呈现递进关系，具有一定的视角创新性。

（2）方法创新。相比于以往城市化与生态环境耦合过程、格局与机理的研究，本书在充分认识和吸收城市新陈代谢理论的基础上，使用 DEA 模型完成对城市新陈代谢的评价，也是 DEA 模型在城市化与生态环境作用关系中的尝试性应用。除此之外，本书使用脱钩模型分析评价了东北地区城市化与生态环境的耦合关系过程，也是该模型在该领域的尝试性应用，具有一定的方法创新性。

（3）内容创新。本书是对中国城市化与工业化发展的典型区域——东北地区的城市化与生态环境耦合过程、格局与机理进行的实证分析，从定性与定量相结合的角度出发，对东北地区城市化从工业化萌芽至今的发展过程及其生态环境响应进行了全景式的描述与分析，对城市化与生态环境的耦合关系过程实证具有典型意义，可为我国其他区域的相关研究提供一定的参考价值。

三、研究不足与展望

（1）本书的指标选取是依托统计部门的统计年鉴进行的，由于统计数据

第六章 结论与展望

存在统计口径差异以及统计缺失的情况,导致数据获取存在一定难度。城市化相关指标统计较为全面,但新中国成立后至1980年以前,东北地区出现过几次行政区划调整,致使城市化数据统计口径出现差异而无法准确反映城市化水平;生态环境统计数据在1990年才开始首次公布,加之《中国环境统计年鉴》仅对省级行政单元和全国重要城市的环境数据进行相对全面的统计,而《中国城市统计年鉴》中个别环境指标存在统计缺失的现象,使得对地级市尺度的城市化与生态环境耦合格局研究时间较短,致使耦合过程研究与格局、机理研究存在时间差异。庆幸的是,两者研究结论相吻合,避免了研究的不科学性。

(2)由于城市化与生态环境共同构成了一个复杂系统,而复杂系统的运行具有非线性的特征,因而在城市化与生态环境耦合机理的研究中应尽量合理地使用非线性系统测度方法,这也是今后应进一步强化的地方。

关于城市化与生态环境耦合作用关系的研究已经得到了普遍关注,随着生态文明建设的要求与落实,在未来一段时间内该话题仍将会持续发酵。在今后的研究中,应该更多关注生态环境数据的统计搜集,尤其是对城市或者更加微观区域的生态环境统计,为城市化与生态环境作用关系的各个方面提供有力的材料和数据支撑。此外,未来有必要对缺失的城镇生活污染指标和能源指标数据进行统计,从而更全面地构建城市化对生态环境的综合指标体系,揭示城市化与生态环境相互作用的深层次的客观规律。此外,在城市化与生态环境的作用关系研究中也应该更多地应用GIS和RS,尤其是借助遥感卫星影像解译和地理信息系统的空间表达,可对生态环境的演化提供更为直观的素材。更为重要的是,对城市化与生态环境的耦合作用关系研究范围应该扩大,希望在今后的研究中可以扩大至全国,为我国的生态文明建设,以及城市健康持续发展提供参考意见。

参考文献

[1] 刘耀彬,李仁东,张守忠.城市化与生态环境协调标准及其评价模型研究[J].中国软科学,2005(5):140-148.

[2] http://www.un.org/zh/development/population/urbanization.shtml.

[3] Edward Glaeser.城市的胜利[M].上海:上海社会科学院出版社,2012.

[4] 杨锐.景观都市主义的理论与实践探讨[J].中国园林,2009(10):60-63.

[5] 李迅,刘琰.低碳、生态、绿色——中国城市转型发展的战略选择[J].城市规划学刊,2011,194(2):1-7.

[6] 仇保兴.简论我国健康城镇化的几类底线[J].城市规划,2014,38(1):9-15.

[7] 许学强,周一星,宁越敏.城市地理学[M].北京:高等教育出版社,2004.

[8] 何跃.自组织城市新论[D].山西大学博士学位论文,2012.

[9] A. G. 威尔逊.地理学与环境[M].北京:商务印书馆,1997.

[10] 赵映慧.东北地区城市系统的空间计划研究[D].东北师范大学博士学位论文,2011.

[11] 刘培桐,薛纪渝,王华东.环境学概论[M].北京:高等教育出版社,2008.

[12] 孙慧宗. 中国城市化与生态环境协调发展研究 [J]. 吉林大学学报, 2011(1).

[13] 郭怀成, 尚金城, 张天柱. 环境规划学 [M]. 北京: 高等教育出版社, 2001.

[14] 杨士弘. 城市生态环境学 [M]. 北京: 科学出版社, 2003.

[15] 闫微. 世界城市化进程中城市生态环境问题研究 [D]. 东北财经大学博士学位论文, 2006.

[16] 任晓明, 罗保华. 从复杂系统理论视角看人工生命的发展 [J]. 自然辩证法研究, 2003, 19 (4): 92-95.

[17] 王飞跃, 史蒂夫·兰森. 从人工生命到人工社会——复杂社会系统研究的现状与展望 [J]. 复杂系统与复杂性科学, 2004 (1): 34-41.

[18] 黎夏, 刘小平. 基于案例推理的元胞自动机及大区域城市演变模拟 [J]. 地理学报, 2007, 62 (10): 1097-1109.

[19] 杨青生, 黎夏. 多智能体与元胞自动机结合及城市用地扩张模拟 [J]. 地理科学, 2007, 27 (4): 542-548.

[20] 吴晓军. 复杂性理论及其在城市系统研究中的应用 [D]. 西北工业大学博士学位论文, 2005.

[21] Elisabete Alves da Sliva, 朱玮. 区域DNA——区域规划中的人工智能 [J]. 国外城市规划, 2003, 18 (5): 3-7.

[22] 于欢, 何政伟, 张树清等. 基于元胞自动机的三江平原湿地景观时空演化模拟研究 [J]. 地理与地理信息科学, 2010, 26 (4): 90-94.

[23] 袁晓勐. 城市系统的自组织理论研究 [D]. 东北师范大学博士学位论文, 2006.

[24] [128] 房艳刚. 城市地理空间系统的复杂性研究 [D]. 东北师范大学博士学位论文, 2006.

[25] Grossman G., Krueger A. Economic Growth and the Environment [J].

Quarterly Journal of Economics, 1995 (110): 353-377.

[26] Berrens R. P., Bohara A, K., Gawande K., et al. Testing the Inverted-U Hypothesis for US Hazardous Waste: An Application of the Generalized Gamma Model [J]. Economics Letters, 1997 (55): 435-440.

[27] 李德华. 城市规划原理 [M]. 北京: 中国建筑工业出版社, 2001.

[28] 吴良镛. 背景旧城居住区的政治途径——城市细胞的有机更新与"新四合院"的探索 [J]. 建筑学报, 1989 (7): 11-18.

[29] [191] 朱勍. 城市生命力——从生命特征视角认识城市及其演进规律 [M]. 北京: 中国建筑工业出版社, 2010.

[30] Wolman A. The Metabolism of Cities [J]. Scientific American, 1965, 213(3): 179-190.

[31] Perte W. G. Newman. Sustainability and Cities: Extending the Metabolism model [J]. Landscape and Urban Planning, 1999 (44): 219-226.

[32] Yan Zhang. Urban Metabolism: A Review of Research Methodologies [J]. Environmental Pollution, 2013 (178): 463-473.

[33] 卢伊, 陈彬. 城市代谢研究评述: 内涵与方法 [J]. 生态学报, 2015, 35 (8): 1-19.

[34] 张妍, 杨志峰, 李巍. 城市复合生态系统中互动关系的测度与评价 [J]. 生态学报, 2005, 25 (7): 1734-1740.

[35] 宋涛, 蔡建明, 倪攀等. 城市新陈代谢研究综述及展望 [J]. 地理科学进展, 2013, 32 (11): 1650-1661.

[36] [147] 宋涛, 蔡建明, 倪攀等. 基于能值和DEA的中国城市新陈代谢效率分析 [J]. 资源科学, 2013, 35 (11): 2166-2173.

[37] 吴玉琴, 严茂超. 广州市代谢与土地利用变化指标评价 [J]. 地理研究, 2011, 30 (8): 1380-1390.

[38] Odum E. P. Perturbation Theory and the Subsidy-stress Gradient [J].

Bioscience, 1979, 29 (6): 349-352.

［39］Rapport D. J. What Constitutes Ecosystem Health［J］. Perspectives in Biology and Medicine, 1989, 33 (2): 120-132.

［40］［159］郭秀锐. 城市生态系统健康评价——以广州市为例［D］. 北京师范大学博士学位论文, 2003.

［41］Guidotti T. L. Perspective on the Health of Urban Ecosystems［J］. Ecosystem Health, 1995, 1 (3): 141-149.

［42］Jerry M. S., Mariano B., Annalee Y., et al. Developing Ecosystem Health Indicators in Centro Habana: A Community –based Approach［J］. Ecosystem Health, 2001, 7 (1): 15-26.

［43］曾勇, 沈根祥, 黄沈发等. 上海城市生态系统健康评价［J］. 长江流域资源与环境, 2005, 14 (2): 208-212.

［44］［152］苏美蓉, 杨志峰, 王红瑞等. 一种城市生态系统健康评价方法及其应用［J］. 环境科学学报, 2006, 26 (12): 2072-2079.

［45］［161］郁亚娟, 郭怀成, 刘永等. 城市病诊断与城市生态系统健康评价［J］. 生态学报, 2008, 28 (4): 1736-1747.

［46］［153］陈克龙, 苏茂新, 李双成等. 西宁市城市生态系统健康评价［J］. 地理研究, 2010, 29 (2): 214-222.

［47］乔标, 方创琳. 城市化与生态环境协调发展的动态耦合模型及其在干旱区的应用［J］. 生态学报, 2005, 25 (11): 3003-3009.

［48］［120］［187］王少剑, 方创琳, 王洋. 京津冀地区城市化与生态环境交互耦合关系定量测度［J］. 生态学报, 2015, 35 (7): 1-14.

［49］李珀松. 基于能源"脱钩"理论的城市发展规划战略环境评价研究［D］. 南开大学博士学位论文, 2010.

［50］OECD. Decoupling: A Conceptual Overview Pairs［R］. OECD, 2001.

［51］王鹤鸣, 岳强, 陆钟武. 中国1998~2008年资源消耗与经济增长的

脱钩分析 [J]. 资源科学, 2011, 33 (9): 1757-1767.

[52] 刘怡君, 王丽, 牛文元. 中国城市经济发展与能源消耗的脱钩分析 [J]. 中国人口·资源与环境, 2011, 21 (1): 70-77.

[53] 赵兴国, 潘玉君, 赵庆由等. 科学发展视角下的区域经济增长与资源环境压力的脱钩分析——以云南省为例 [J]. 经济地理, 2011, 31 (7): 1196-1201.

[54] 白忠菊, 藏波, 杨庆媛. 基于脱钩理论的城市扩张速度与经济发展的时空耦合研究——以重庆市为例 [J]. 经济地理, 2013, 33 (8): 52-60.

[55] 张文斌, 陈英, 张仁陟等. 基于脱钩分析方法的耕地占用与经济发展的关系研究 [J]. 自然资源学报, 2013, 28 (4): 560-570.

[56] 钟太洋, 黄贤金, 王柏源. 经济增长与建设用地扩张的脱钩分析 [J]. 自然资源学报, 2010, 25 (1): 18-31.

[57] 王菲, 董锁成, 毛琦梁. 中国工业结构演变及其环境效应时空分异 [J]. 地理研究, 2014, 33 (10): 1793-1806.

[58] Markus Pasch. Technical Progress, Structural Change, and the Environmental Kuznetscurve [J]. Ecological Economics, 2002 (42): 381-389.

[59] Pearce D., et al. Economics of Natural Resources and the Environment [M]. New York: Harvester Wreathes, 1990.

[60] Button K. J., et al. Improving the Urban Environment: How to Adjust National and local Government Policy for Sustainable Urban Growth [M]. Oxford: Perga Mon Press, 1990.

[61] Diazharriga F., Santos M. A., Mejia J. D., et al. Arsenic and Cadmium Exposure in Children Living Near a Smtlter Complex in San Luis Potost [J]. Environmental Research, 1993, 62 (2): 242-250.

[62] Daly H. E. Steady-State Economics [M]. Washington: Island Press, 1990.

[63] Norgaard R. R. Economic Indicators of Resource Scarcity: A Critical Essay [J]. Journal of Environment Economics and Management, 1990 (1): 7-14.

[64] 加勒特·哈丁. 生活在极限之内 [M]. 上海: 上海译文出版社, 2001.

[65] Kuik O., et al. In Search of Indicators of Sustainable Development [C]. Dordrecht: Kluwer Academic Publishes, 1994.

[66] 杨开忠, 杨咏, 陈洁. 生态足迹分析理论与方法 [J]. 地球科学进展, 2000, 15 (6): 630-636.

[67] 莱斯特·布朗. 生态经济——有利于地球的经济构想 [M]. 北京: 东方出版社, 2002.

[68] Yangfan Li, Yi Li, Yan Zhou, Yalou Shi, Xiaodong Zhu. Invettingation of a Coupling Model of Coordination between Urbanization and the Environment [J]. Journal of Environment Management, 2012 (98): 127-133.

[69] Peter Bartelmus. Quantitative Economics: How Sustainable are Economies [M]. Springer, 2008.

[70] D. W. Pearce. Environmental Indicators for Agriculture [R]. OECD, 1999.

[71] Natallia Pinchuk. Corporate Sustainability Assessment Methodology [D]. University of Michigan, 2011.

[72] Diao X. D., Zeng S. X., Tam C. M. EKC Analysis for Studying Economic Growth and Environmental Quality: A Case Study in China [J]. Journal of Cleaner Production, 2009, 17 (5): 514-548.

[73] Chen J. Rapid Urbanization in China: A Real Challenge to Soil Protection and Food Security [J]. Catena, 2007, 69 (1): 1-15.

[74] Chen M. X., Lu D. D., Zhang H. Comprehensive Evaluation and the Driving Factors of China's Urbanization [J]. Acta Geographica Sinica,

2009, 64 (4): 387-398.

[75] Jill L., Caviglia H., Dustin C. Taking the "U" out of Kuznets: A Comprehensive Analysis of the EKC and Environmental Degradation [J]. Ecological Economics, 2009, 68 (4): 1149-1159.

[76] H. Meyar-Naimin, S. Vaez-Zadeh. Sustainable Development Based Energy Policy Making Frameworks, a Critical Review [J]. Energy Policy, 2012 (43): 351-361.

[77] Daniel B. Muller, Tao Wang, and Benjamin Duval. Patterns of Iron Use in Societal Evolution, Environ [J]. Sci. Technol, 2011 (45): 182-188.

[78] Wackernagel M. Way Sustainability Analyses Must Include Biophysical Assessment [J]. Economics, 1999 (29): 13-15.

[79] 刘思华, 徐志辉. 再论生态经济学在中国的发展与展望 [J]. 生态经济, 2000 (7): 1-3.

[80] 陈业勤. 城市工业结构与环境质量关系的方法研究 [J]. 城市环境与城市生态, 1989, 2 (2): 33-37.

[81] 于法稳, 刘永涛. 重庆市工业结构与环境、资源灰色关联分析 [J]. 重庆师范学院学报, 1998 (3): 19-23.

[82] 王丽娟, 陈兴鹏. 产业结构对城市生态环境影响的实证研究 [J]. 甘肃省经济管理干部学院学报, 2003, 16 (4): 22-24.

[83] 聂钠, 董明辉. 湖南工业化的生态环境压力趋势分析 [J]. 生态经济, 2006 (7): 99-102.

[84] 魏后凯. 西部大开发要坚持工业化与环境保护相结合 [J]. 求是, 2001 (12): 7-10.

[85] 何汉杏, 何华春. 推进湖南工业化进程宜选择生态工业发展模式 [J]. 中南林学院学报, 2003, 23 (3): 19-21.

[86] 生态环境约束下西北地区产业结构调整与优化对策课题组. 工业化

进程与西北地区生态环境的变迁[J]. 开发研究, 2003 (2): 31-33.

[87] 赵海霞, 曲福田, 诸培新. 江苏省工业化进程中的环境效应分析[J]. 中国人口·资源与环境, 2005 (4): 57-62.

[88] 刘耀彬, 李仁东等. 武汉市"三废"排放的库兹涅茨特征及原因探析[J]. 城市环境与城市生态, 2006, 16 (6): 44-45.

[89] 杨先明, 黄宁. 环境库兹涅茨曲线与增长方式转型[J]. 云南大学学报(社会科学版), 2004, 3 (6): 45-51.

[90] 李春生, 李哲, 李建国等. 河南省矿业城市环境库兹涅茨曲线分析——以焦作为例[J]. 河南大学学报(自然科学版), 2006, 36 (2): 54-57.

[91] 李文彦. 持续发展与地理学[J]. 地理学报, 1994, 49 (2): 97-106.

[92] 郑度. 中国 21 世纪议程与地理学[J]. 地理学报, 1994, 49 (6): 481-487.

[93] 秦耀辰, 赵秉栋等. 河南省持续发展系统动力学模拟与调控[J]. 系统工程与实践, 1997 (7): 124-131.

[94] 高志强, 刘纪远等. 基于遥感和 GIS 的中国土地资源生态环境质量同人口分布的关系研究[J]. 遥感学报, 1999 (1): 66-70.

[95] 李本刚, 陶澍. 地理信息系统在环境模型研究中的应用[J]. 环境科学, 1998 (3): 87-90.

[96] 牛文元. 可持续发展导论[M]. 北京: 科学出版社, 1994.

[97] 沈满洪. 全国生态经济建设理论与实践研讨会综述[J]. 经济学动态, 2003 (4): 45-46.

[98] 乔标, 方创琳. 城镇化与生态环境协调发展的动态耦合模型及其在干旱区的应用[J]. 生态学报, 2005, 25 (11): 3003-3009.

[99] 吴跃明, 张翼等. 论环境—经济系统协调度[J]. 环境污染与防治, 1999, 19 (2): 20-24.

[100] 冯玉广, 王华东. 区域人口—资源—环境—经济系统可持续发展

定量研究[J].中国环境科学,1997,17(5):402-405.

[101] 温琰茂,柯雄侃等.区域可持续发展评价体系与方法研究[J].环境导报,1999(2):33-36.

[102] 马金,王浣尘等.区域产业投资与环保投资的协调优化模型及其试用[J].系统工程理论与实践,1999(5):35-40.

[103] 蔡宁.经济环境协调标准及其辅助决策模型的研究[J].系统工程理论与实践,1999(1):85-90.

[104] 廖重斌.环境与经济协调发展的定量评判及其分类体系——以珠江三角洲城市群为例[J].热带地理,1999,19(2):171-177.

[105] 申玉铭,毛汉英.区域可持续发展的若干理论问题研究[J].地理科学进展,1999,18(4):288-295.

[106] 毛汉英.山东省可持续发展指标体系初步研究[J].地理研究,1996,15(4):16-23.

[107] 张世秋.可持续发展环境指标体系的初步探讨[M].世界环境,1996(3):8-9.

[108] 刘思华,徐志辉.再论生态经济学在中国的发展与展望[J].生态经济,2000(7):1-3.

[109] 乔标,方创琳,李铭.干旱区城市化与生态环境交互胁迫过程研究进展及展望[J].地理科学进展,2004,24(6):31-41.

[110] 方创琳,杨玉梅.城市化与生态环境交互耦合系统的基本定律[J].干旱区地理,2006,29(1):1-8.

[111] 黄金川,方创琳.城市化与生态环境交互耦合机制与规律性分析[J].地理研究,2003,22(2):211-220.

[112] 刘耀彬,宋学峰.城市化与生态环境耦合模式及判别[J].地理科学,2005,25(4):408-414.

[113] 张理茜,蔡建明,王妍.城市化与生态环境响应研究综述[J].生

态环境学报,2010,19(1):244-252.

[114] 宋建波,武春友.城市化与生态环境协调发展评价研究——以长江三角洲城市群为例[J].中国软科学,2010(2):78-87.

[115] 魏晓婕,杨德刚,乔旭宁等.干旱区绿洲城市城市化与生态环境耦合——以乌鲁木齐为例[J].干旱区资源与环境,2008,22(11):101-107.

[116] 万年庆,吴国玺,张谦智.河南省城市化与生态环境耦合分析[J].资源开发与市场,2010,26(2):116-119.

[117] 马秋香.湖南省城市化与生态环境耦合关系动态计量分析[J].现代商业,2010(3):34-37.

[118] 刘耀彬,李仁东.江苏省城市化与生态环境的耦合规律分析[J].中国人口·资源与环境,2006,16(1):47-51.

[119] 王长健,张小雷,杜宏茹等.近30 a新疆城市化与生态环境互动关系的动态计量分析[J].中国沙漠,2012,32(6):1794-1801.

[121] 聂艳,雷文化,周勇等.区域城市化与生态环境耦合时空变异特征——以湖北省为例[J].中国土地科学,2008,22(11):56-62.

[122] 黄金川,方创琳,冯仁国.三峡库区城市化与生态环境耦合关系定量辨识[J].长江流域资源与环境,2004,13(2):153-158.

[123] 王新杰,薛东前,延军平等.西安市城市化与生态环境动态关系分析[J].地球与环境,2010,38(1):43-48.

[124] 王新杰,薛东前.西安市城市化与生态环境协调发展模式演化分析[J].自然资源学报,2009,24(8):1378-1385.

[125] 肖强,文礼章,刘俊等.重庆市城市化与生态环境交互关系的协整分析[J].生态学报,2010,30(19):5237-5244.

[126] 杨晶,金晶,吴泗宗.珠三角地区城市化与生态环境协调发展的动态耦合分析——以珠海市为例[J].地域研究与开发,2013,32(5):105-118.

[127][162] 陈晓红.东北地区城市化与生态环境协调发展研究[D].东北师范大学博士学位论文,2008.

[129] 李小建."人地关系"视角下的新型城镇化[EB/OL]. http://theory.gmw.cn/2013-08/11/content_8568769.htm.

[130] 许坚.健康城市化与城市土地利用[J].中国土地科学,2005,19(4):55,62-64.

[131] 俞滨洋,王洋.从"快速城市化"到"健康城市化"——中国城市化转型及"健康规划"初探[C].中国城市规划年会论文集,2011.

[132] 方创琳.中国城市化进程亚健康的反思与警示[J].现代城市研究,2011(8):5-11.

[133] 林凯璇,黄亚平.我国城市化回顾与展望——从粗放城市化走向健康城市化[C].中国城市规划年会论文集,2012.

[134] 蒋涤非,宋杰,刘蓉.健康城市化的响应机制及指标体系——基于包容性增长的视角[J].城市问题,2012,202(5):15-20.

[135] 毛宽,曾刚.基于健康城市视角的城市管治路径选择[J].现代城市研究,2008(4):20-26.

[136] 徐苏宁,吕飞,赵志庆.城市的健康与安全[J].城市规划,2005,29(10):60-64.

[137] 陈柳钦.健康城市:城市发展新追求[J].中国国情国力,2008(11):20-23.

[138] 陈明星,叶超.健康城市化:新的发展理念及其政策含义[J].人文地理,2011(2):56-61.

[139] 张燕,徐建华,曾刚等.中国区域发展潜力与资源环境承载力的空间关系分析[J].资源科学,2009,31(8):1328-1334.

[140] 邢丽霞,李亚民.我国国土开发格局的演变与相关资源环境问题[J].中国人口·资源与环境,2012,22(11):186-189.

[141] 马海良,黄德春,姚惠泽.中国三大经济区域全要素能源效率研究[J].中国人口·资源与环境,2011,21(11):38-43.

[142] 孙威,董冠鹏.基于DEA模型的中国资源型城市效率及其变化[J].地理研究,2010,29(12):2155-2165.

[143] 潘竟虎,尹君.基于DEA-ESDA的甘肃省城乡统筹发展效率评价及其空间差异分析[J].经济地理,2011,31(9):1439-1444.

[144] 郭腾云,徐勇,王志强.基于DEA的中国特大城市资源效率及其变化[J].地理学报,2009,64(4):408-416.

[145] 袁晓玲,张宝山,张小妮.基于超效率DEA的城市效率演变特征[J].城市发展研究,2008,15(6):102-107.

[146] 张郁,杨青山.基于利益视角的城市化与生态环境耦合关系诊断方法研究[J].经济地理,2014,34(4):166-170.

[148] 王俊能,许振成,胡习邦等.基于DEA理论的中国区域环境效率分析[J].中国环境科学,2010,30(4):565-570.

[149] 邓波,张学军,郭军华.基于三阶段DEA模型的区域生态效率研究[J].中国软科学,2011(1):92-99.

[150] 郭晓佳,陈兴鹏,张子龙等.宁夏人地系统的物质代谢和生态效率研究——基于能值分析理论[J].生态环境学报,2009,18(3):967-973.

[151] 胡廷兰,杨志峰,何孟常.一种城市生态系统健康评价方法及其应用[J].环境科学学报,2005,25(2):269-274.

[154] 刘耕源,杨志峰,陈彬等.基于能值分析的城市生态系统健康评价——以包头市为例[J].生态学报,2008,28(4):1720-1728.

[155] 曾勇,沈根祥,黄沈发等.上海城市生态系统健康评价[J].长江流域资源与环境,2005,14(2):208-212.

[156] 卢斌莹.基于格网GIS的艾比湖流域城市化与生态环境效应评价研究[D].西北大学博士学位论文,2005.

[157] 杨俊. 城市化与城市生态安全混合研究——以大连为例 [D]. 辽宁师范大学博士学位论文，2009.

[158] 吴治花. 辽宁省城市生态系统健康评价 [D]. 辽宁师范大学博士学位论文，2006.

[160] 江红莉，何建敏. 区域经济与生态环境系统动态耦合协调发展研究 [J]. 软科学，2010，24（3）：63-68.

[163] 乔尔·科金特. 全球城市史：典藏版 [M]. 王旭等译. 北京：社会科学文献出版社，2014.

[164] 许学强，叶嘉安，张蓉. 我国经济的全球化及其对城镇体系的影响 [J]. 地理研究，1995，14（3）：1-13.

[165] 年福华，姚士谋. 信息化与城市空间发展趋势 [J]. 世界地理研究，2002，11（1）：72-76.

[166] http://www.e-works.net.cn/report/industry/industry.html.

[167] [174] 王士君，宋飏，姜丽丽等. 中国东北地区城市地理 [M]. 北京：科学出版社，2014.

[168] 满史会. 满洲开发四十年史：上卷 [M]. 北京：人民出版社，1987.

[169] 王林楠. 近代东北煤炭资源开发研究（1895~1931）[D]. 吉林大学博士学位论文，2010.

[170] 王长富. 东北近代林业经济史 [M]. 北京：中国林业出版社，1991.

[171] [177] 焦润明. 近代以来东北地区极端天气气候事件成因述考 [J]. 社会科学辑刊，2013（6）：156-162.

[172] 李慧娟. 日伪的工业掠夺政策及对中国东北的危机 [J]. 长春师范学院学报（人文社会科学版），2008，27（2）：32-35.

[173] 东北物资调节委员会. 东北经济小丛书·人文地理 [M]. 大连：东北财经大学出版社，1948.

[175] 陈亮,陈晓红,李诚固.近代东北地区城市化与工业化相互作用过程分析[J].城市发展研究,2004(6):28-31.

[176] 刘英杰.伪满时期日本对中国东北能源的掠夺[J].社会科学辑刊,2002(5):132-135.

[178] 衣保中.日本移民与伪满洲国的殖民地农业[J].东北亚论坛,1996(4):82-86.

[179] 中国社会科学院近代史研究所.国外中国近代史研究第16辑[M].北京:中国社会科学出版社,1990.

[180] 李晓玲,刘慈航,刘大平等.改革开放以来东北地区城市体系等级规模结构演变特征及动力机制[J].东北师范大学学报(自然科学版),2014,46(3):132-138.

[181] 中华人民共和国国家统计局.中国环境统计年鉴(1998)[M].北京:中国统计出版社,1997.

[182] 李诚固,李振泉."东北现象"特征及形成因素[J].经济地理,1996,16(1):34-38.

[183] [194] 刘艳军,王颖.东北地区区域开发程度演化及其资源环境影响[J].经济地理,2012,32(5):37-42.

[184] 臧锐,张鹏,杨青山等.吉林省城镇化水平综合测度及时空演变[J].地理科学,2013,33(10):1229-1237.

[185] 刘贺贺,杨青山,陈长瑶.东北地区城市效率与城市开发程度的时空耦合[J].经济地理,2015,35(10):64-72.

[186] 刘艳军,李诚固.东北地区产业结构演变的城市化响应机理与调控[J].地理学报,2009,64(2):153-166.

[188] 魏权龄.评价相对有效性的数据包络分析模型——DEA和网络DEA[M].北京:中国人民大学出版社,2012.

[189] 钟太洋,黄贤金,韩立等.资源环境领域脱钩分析研究进展[J].

自然资源学报，2010，25（8）：1400-1412.

［190］Tapio P. Towards a Theory of Decoupling：Degrees of Decoupling in the EU and the Case of Road Traffic in Finland between 1970 and 2001［J］. Transport Policy，2005，12（2）：137-151.

［192］姚予龙，周洪，谷树忠. 中国资源诅咒的区域差异及驱动力剖析［J］. 资源科学，2011，33（1）：18-24.

［193］http：//wenku.baidu.com/view/a76e95e0d15abe23492f4d23.html.

［195］韩增林，刘天宝. 中国地级以上城市城市化质量特征及空间差异［J］. 地理研究，2009，28（6）：1508-1515.

［196］徐丹丹. 外资并购企业的实证研究［J］. 管理世界，2008（10）：169-170.

［197］宋艳，李勇. 老工业基地振兴背景下东北地区城镇化动力机制及策略［J］. 经济地理，2014，34（1）：47-53.

［198］赵映慧，修春亮，宋戈等. 东北地区资源型城市经济发展差异分析［J］. 经济地理，2009，29（5）：726-730.

［199］赵景海. 老工业基地调整改造视角下的黑龙江省城镇化［J］. 城市规划，2004，28（12）：19-22.